CB044556

# Palavras para hoje
## antigo
# TESTAMENTO

Publicações
**Pão Diário**

# Palavras para hoje
## antigo
## TESTAMENTO

Warren Wiersbe

Copyright © 2013 by Warren W. Wiersbe
Originally published in English under the title
*Old Testament Words for Today*
by Baker Books,
a division of Baker Publishing Group,
Grand Rapids, Michigan, 49516, U.S.A.
All rights reserved.

Coordenação editorial: Dayse Fontoura
Tradução: Maria Emília de Oliveira
Edição: Dayse Fontoura, Rita Rosário, Thaís Soler, Lozane Winter
Projeto gráfico: Audrey Novac Ribeiro
Capa: Audrey Novac Ribeiro
Diagramação: Rebeka Werner

Dados Internacionais de Catalogação na Publicação (CIP)

---

Wiersbe, Warren W.
*Palavras para hoje — Antigo Testamento.*
Tradução: Maria Emília de Oliveira — Curitiba/PR, Publicações Pão Diário.

Título original: *Old Testament Words for Today*

1. Religião prática     2. Vida cristã     3. Meditação e devoção

---

Proibida a reprodução total ou parcial, sem prévia autorização, por escrito, da editora.

Todos os direitos reservados e protegidos pela Lei 9.610, de 19/02/1998.
Permissão para reprodução: permissao@paodiario.org

Exceto quando indicado o contrário, os trechos bíblicos mencionados são da edição Revista e Atualizada de João F. de Almeida © 2009 Sociedade Bíblica do Brasil.

Publicações Pão Diário
Caixa Postal 4190,
82501-970 Curitiba/PR, Brasil
publicacoes@paodiario.org
www.publicacoespaodiario.com.br
(41) 3257-4028

Código: XX289
ISBN: 978-1-68043-284-8

Impresso na China

# Prefácio

> *Contudo, prefiro falar na igreja* **cinco palavras com o meu entendimento,** *para instruir os outros, a falar dez mil palavras em outra língua* (1 CORÍNTIOS 14:19).

Se você souber escolher, cinco palavras podem expressar pensamentos inesquecíveis, capazes de mudar vidas. Thomas Jefferson colocou cinco palavras na Declaração de Independência dos Estados Unidos que anunciaram liberdade para as colônias americanas: "Consideramos estas verdades como evidentes por si mesmas, que *todos [os] homens foram criados iguais*". Abraham Lincoln citou essas cinco palavras em seu famoso Discurso de Gettysburg.

"*Um espectro ronda a Europa*" são as palavras que Karl Marx e Friedrich Engels escolheram para iniciar seu *Manifesto Comunista*, um pequeno livro cuja mensagem mudou o mapa daquele continente.

Em 18 de junho de 1940, o primeiro-ministro Winston Churchill encorajou o povo britânico com um discurso que terminou com cinco palavras inesquecíveis: "Preparemo-nos para cumprir os nossos deveres, e de tal maneira que, se o império e a *Commonwealth* [N.E.: Termo tradicional em inglês usado para denotar uma comunidade política fundada para o bem-comum] britânicos durarem mil anos, as pessoas continuem a dizer: '*Aquele foi seu maior momento*'".

A Bíblia contém numerosas e memoráveis declarações de cinco palavras vivas e eficazes (HEBREUS 4:12), palavras inspiradas que o Espírito Santo pode usar para nos orientar no mundo caótico da atualidade. Neste livro, apresento meditações com base em cem dessas expressões encontradas no Antigo Testamento, usando a versão João Ferreira de Almeida Revista e Atualizada, de 2009, da Sociedade Bíblica do Brasil.

Tenho certeza de que, à medida que você meditar na Palavra de Deus e refletir nas minhas, o Espírito de Deus o iluminará e o encorajará, capacitando-o a descobrir qual é a vontade de Deus e a sentir satisfação em cumpri-la.

*Warren W. Wiersbe*

# Prefácio à edição em português

Temos o prazer de colocar em suas mãos 100 mensagens devocionais que irão estreitar seu relacionamento com Cristo e lhe trazer mais conhecimento de Sua Palavra. *Palavras para hoje — Antigo Testamento* é de autoria do Dr. Warren W. Wiersbe, pastor e teólogo norte-americano. Sua especialidade no campo editorial é a produção de literatura no estilo de comentários bíblicos. Seu público abrange de especialistas a leigos, pois visa contribuir para que as verdades da Palavra de Deus sejam compreensíveis a todos os leitores.

Neste livro, o Dr. Wiersbe escolhe cinco palavras-chave de cada versículo selecionado como tema para a meditação do dia e discorre sobre elas. No entanto, em nossa edição em português nem sempre foi possível manter esse formato, devido às diferenças entre as traduções da Bíblia em português e inglês. Mas não se preocupe: o conteúdo não perde nada em relação ao original. A quantidade de palavras destacadas pode variar, porém a mensagem que elas denotam continua a mesma.

Oramos para que essas meditações enriqueçam sua caminhada com Deus e tragam-lhe paz, consolo, direção e o despertem sobre como viver de acordo com o que Senhor planejou para Seus filhos.

dos editores do *Pão Diário*

# 1

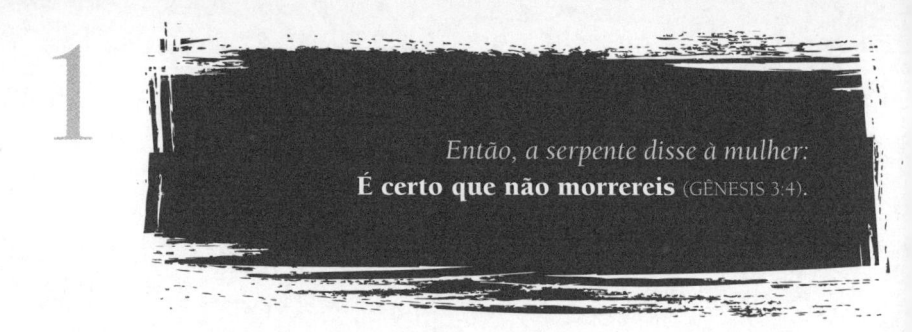

> *Então, a serpente disse à mulher:*
> **É certo que não morrereis** (GÊNESIS 3:4).

Deus colocou nossos primeiros pais em um jardim maravilhoso, onde encontrariam tudo para atender às suas necessidades e onde teriam o privilégio de estar em comunhão com Ele e de servir-lhe. Como sempre, o inimigo estava preparado para atacar, e desse evento podemos extrair as instruções às quais precisamos obedecer para derrotá-lo.

*Não dê espaço para Satanás.* Uma das responsabilidades de Adão era "guardar" o jardim (GÊNESIS 2:15), o que quer dizer protegê-lo. Esse é o mesmo termo usado em 3:24, onde lemos "...guardar o caminho à árvore da vida". Parece que Adão não estava com Eva naquele momento, portanto ela foi um alvo mais fácil para Satanás. Efésios 4:27 adverte-nos: "Nem deis lugar ao diabo", pois ele só precisa de um pequeno espaço para começar sua guerra. Até hoje, seus servos infiltram-se sorrateiramente e causam problemas (2 TIMÓTEO 3:6; JUDAS 4). Quando temos um pensamento mau ou lascivo, proporcionamos espaço para Satanás e recusamo-nos deliberadamente a fazer a vontade de Deus.

*Não dê ouvidos às ofertas de Satanás.* Ele é dissimulado e embusteiro e nunca revela sua verdadeira natureza. Pode até mostrar-se como anjo de luz (2 CORÍNTIOS 11:14) e desviar-nos do bom caminho. Sabemos quando Satanás está agindo, porque ele contesta a Palavra de Deus e nos encoraja a negar a autoridade da Bíblia, perguntando-nos: "Foi assim mesmo que Deus disse?". Satanás primeiro contesta a Palavra, depois a nega e em seguida a substitui por suas mentiras. Nossa resposta deveria ser: "Sim, foi o que Deus *disse*, e vou respeitar Suas palavras!". Precisamos recorrer imediatamente ao Senhor em oração e buscar Sua sabedoria. Ele nos lembrará do que aprendemos na Bíblia e podemos usar a espada do Espírito para derrotar esse inimigo, como

Jesus fez quando Satanás o tentou (EFÉSIOS 6:17; MATEUS 4:1-11). É importante guardar a Palavra de Deus em nosso coração, para vencermos o diabo (SALMO 119:11).

*Lembre-se das ricas bênçãos de Deus.* A tentação é a oferta de Satanás de dar algo a você que, segundo ele, Deus não lhe deu. Quando tentou Jesus, Satanás insinuou: "Seu Pai disse que você é Seu filho amado. Se ele o ama, por que você está com fome?". As advertências contra a tentação registradas em Tiago 1:12-15 são acompanhadas de lembretes de que recebemos as boas dádivas e os dons perfeitos que vêm de Deus (vv.16-18). A tentação é o substituto barato de Satanás para as dádivas celestiais concedidas a nós pelo Pai. O diabo queria que Jesus transformasse as pedras em pães, mas Jesus preferiu o pão nutritivo da vida, a Palavra de Deus (MATEUS 4:4).

Somos lembrados em 1 Timóteo 2:14 que Eva foi enganada por Satanás, mas quando Adão apareceu, ele pecou conscientemente porque quis ficar ao lado de sua mulher. Foi a desobediência deliberada de Adão que lançou a raça humana no pecado e no julgamento (ROMANOS 5:12-21). Graças à obediência de nosso Senhor e de Sua morte na cruz fomos salvos da condenação e nos tornamos filhos de Deus.

"...resisti ao diabo, e ele fugirá de vós" (TIAGO 4:7).

"Tomai [...] a espada do Espírito, que é a palavra de Deus" (EFÉSIOS 6:17).

## 2

> *Disse o S*ENHOR *a Caim: Onde está Abel, teu irmão? Ele respondeu: Não sei; acaso* **sou [eu] tutor de meu irmão?** (GÊNESIS 4:9).

Assim como Caim e Abel, você e eu viemos a este mundo como *filhos de Adão* e, assim como todos os bebês que nasceram antes de nós, nascemos *receptores*. Nossa vida física e estrutura genética nos foram dadas pelo Senhor por meio de nossos antepassados (SALMO 139:13-16). Mas, espiritualmente falando, "éramos, por natureza, filhos da ira" e, à medida que crescemos, tornamo-nos "filhos da desobediência" (EFÉSIOS 2:1-3). Assim como aqueles dois irmãos, somos todos pecadores por natureza e pecadores por escolha. Em razão do que somos e do que fazemos, necessitamos de um Salvador.

Podemos, porém, ser *crentes*, nascer de novo e nos tornar *filhos de Deus*, como Abel fez. Ele admitiu que era pecador e, pela fé, ofereceu um sacrifício de sangue ao Senhor (HEBREUS 11:4). Assim como recebemos a vida humana ao nascer, recebemos a vida eterna no novo nascimento por meio da fé em Jesus Cristo, que se entregou como sacrifício por nossos pecados. Caim não tinha fé. Não confessou que era pecador e, portanto, não ofereceu um sacrifício de sangue. Ofereceu o fruto da terra lavrada por suas mãos. "Porque pela graça sois salvos, mediante a fé; e isto não vem de vós; é dom de Deus; não de obras, para que ninguém se glorie" (EFÉSIOS 2:8,9).

Caim não creu e tornou-se *enganador, filho do diabo*! "Porque a mensagem que ouvistes desde o princípio é esta: que nos amemos uns aos outros; não segundo Caim, que era do Maligno e assassinou a seu irmão..." (1 JOÃO 3:11,12). Um filho do diabo é aquele que rejeita Jesus Cristo, mas pratica "religião" como cristão dissimulado. Satanás tem uma família (GÊNESIS 3:15). João Batista e Jesus chamaram os fariseus de "raça de víboras" — e Satanás é a serpente (MATEUS 3:7-9; 12:34; 23:33).

Jesus também os chamou de filhos do inferno (MATEUS 23:15). Foram os fariseus que crucificaram Jesus, e o apóstolo Paulo enfrentou "perigos entre falsos irmãos" (2 CORÍNTIOS 11:26; VEJA ATOS 20:29-31; 1 JOÃO 2:18-23). Um evangelista piedoso e experiente disse-me: "Se amar uns aos outros é a marca do cristão, penso que nem metade das pessoas que pertencem às nossas igrejas locais são verdadeiramente nascidas de novo".

Voltemos, porém, a Caim e sua pergunta: "Acaso sou eu tutor de meu irmão?". Existe um pouco de sarcasmo nessas palavras? Pelo fato de seu irmão ser o protetor de ovelhas (GÊNESIS 4:2), Caim deve ter pensado: "Acaso sou tutor do tutor?". Claro, a resposta é: "Sim!". Os dois grandes mandamentos são: amar a Deus e amar ao próximo, e nosso próximo é qualquer um que necessite de nossa ajuda (LUCAS 10:25-37). Como membros da família humana, devemos cuidar uns dos outros e, como membros da família de Deus, devemos amar e servir uns aos outros (GÁLATAS 5:13). Satanás é mentiroso e assassino (JOÃO 8:37-45) e seu filho Caim era igual ao pai.

"Por isso, enquanto tivermos oportunidade, façamos o bem a todos, mas principalmente aos da família da fé" (GÁLATAS 6:10).

# 3

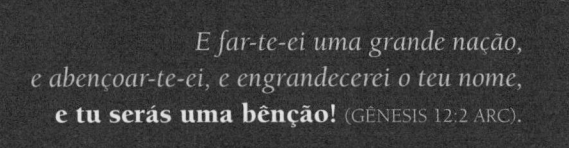

> E far-te-ei uma grande nação,
> e abençoar-te-ei, e engrandecerei o teu nome,
> **e tu serás uma bênção!** (GÊNESIS 12:2 ARC).

Várias formas da palavra *bênção* são usadas mais de quatrocentas vezes na Bíblia, e costumamos usá-las em nossos ministérios e conversas — e principalmente em nossas orações. Bênção é algo que Deus é, faz ou diz que o glorifica e edifica Seu povo. O apóstolo Paulo não achou que seu espinho na carne fosse uma bênção e pediu três vezes a Deus que o retirasse. No entanto, esse espinho revelou ser uma bênção tanto para Paulo quanto para a igreja (2 CORÍNTIOS 12:7-10). Pedro tentou dissuadir Jesus de ir para a cruz (MATEUS 16:21-28), porém o que Jesus realizou no Calvário tem sido bênção para o mundo por muitas gerações e abençoará Seu povo por toda a eternidade.

As bênçãos que Deus nos concede devem transformar-se em bênçãos para os outros, porque os cristãos devem ser canais, não reservatórios. Receber as bênçãos de Deus e retê-las egoisticamente significa violar um dos princípios básicos da vida cristã. "A alma generosa prosperará, e quem dá a beber será dessedentado" (PROVÉRBIOS 11:25). Somos abençoados, para que possamos ser bênção.

Abraão e Sara acreditaram em Deus e lhe obedeceram, por isso Deus os abençoou e os tornou bênção para o mundo inteiro. Desse casal originou-se a nação de Israel, e Israel anunciou ao mundo o único e verdadeiro Deus. Por meio de Israel vieram a Bíblia e Jesus Cristo, o Salvador do mundo. Sem o testemunho de Israel, o mundo gentio de hoje seria composto de um povo ignorante e adorador de ídolos, sem "esperança e sem Deus no mundo" (EFÉSIOS 2:12). Mas "os da fé são abençoados com o crente Abraão" (GÁLATAS 3:9).

Abraão abençoou seu sobrinho Ló e deu-lhe a primazia de escolher a terra em Canaã (GÊNESIS 13). Também o resgatou quando Ló se tornou prisioneiro de guerra (GÊNESIS 14). Por causa da intercessão de Abraão, seu sobrinho foi poupado na destruição de Sodoma (GÊNESIS 19:1-29). Infelizmente, Ló não seguiu o exemplo de fé de seu tio e foi parar em uma caverna, embriagou-se e cometeu incesto (GÊNESIS 19:30-38). Ló e seus descendentes levaram problemas a Israel, não bênçãos.

Houve, porém, três ocasiões em que até o piedoso Abraão deixou de ser uma bênção. Em vez de confiar no Senhor, Abraão desceu ao Egito para fugir da fome, e lá ele mentiu e provocou uma praga (GÊNESIS 12:10-20). Também mentiu ao rei de Gerar (GÊNESIS 20:1-18). Tentou ter o filho prometido por conta própria e provocou divisão em seu lar (GÊNESIS 16). Não podemos ser bênção em casa ou fora de casa se não andarmos com o Senhor.

Todos queremos *receber* bênçãos do Senhor, mas nem todos querem *ser* bênção para os outros. Essa é a diferença entre o rio e o pântano. O cristão piedoso mencionado no Salmo 1 foi abençoado por Deus e tornou-se semelhante a uma árvore, repartindo a bênção com os outros. Há um provérbio inglês que diz: "Aquele que planta árvores ama os outros mais do que a si próprio". Esse provérbio aplica-se também aos cristãos, que devem repartir suas bênçãos como árvores frutíferas.

"De graça recebestes, de graça dai" (MATEUS 10:8).

# 4

> *Vós, na verdade, intentastes o mal contra mim; porém* **Deus o tornou em bem**, *para fazer, como vedes agora, que se conserve muita gente em vida* (GÊNESIS 50:20).

Essa afirmação é a versão do Antigo Testamento de Romanos 8:28: "Sabemos que todas as coisas cooperam para o bem daqueles que amam a Deus, daqueles que são chamados segundo o seu propósito". A partir de nosso ponto de vista, as pessoas, as circunstâncias e até o Senhor parecem, às vezes, estar contra nós; mas como filhos de Deus, sabemos que nosso Pai celestial está no controle. Temos certeza de que Ele nos ama e sabe o que é melhor para nós. José é um grande exemplo dessa verdade.

Em casa, José foi mimado por Jacó, seu pai, e odiado pelos dez irmãos mais velhos, que o venderam como escravo quando ele tinha 17 anos. No Egito, a mulher de seu amo tentou seduzi-lo e ele foi preso. Mas, quando tinha 30 anos, José foi libertado da prisão e da escravidão, e o Faraó nomeou-o governador do Egito! Os irmãos de José foram duas vezes ao Egito em busca de comida, e José usou aquelas visitas para tocar o coração deles e levá-los ao arrependimento. José revelou-se aos irmãos, perdoou-lhes e pediu que trouxessem Jacó e toda a sua família para o Egito, onde cuidaria deles. Quando Jacó morreu, 17 anos depois, os irmãos temeram que José os castigasse, mas José garantiu-lhes que tudo acontecera com a permissão do Senhor. Nos anos seguintes, Deus usou José para resgatar o povo hebreu da extinção.

O que Deus permitiu a José foi bom e ajudou-o a preparar-se para ser líder. Se José tivesse permanecido com a família, provavelmente os mimos do pai o teriam levado à ruína. "Bom é para o homem suportar o jugo na sua mocidade" (LAMENTAÇÕES 3:27). O sofrimento fez de José um homem de Deus e uma das maiores representações de Jesus encontradas nas Escrituras. O plano de Deus também foi bom para os irmãos de José, pois livrou-os de seus planos de conspiração e levou-os ao arrependimento. As Doze Tribos de Israel são descendência desses homens. Na juventude, Jacó foi conspirador e enganador, e teve de pagar por isso. Deus concedeu-lhe 17 anos de alegria e paz com toda a sua família. O plano de Deus certamente foi bom para o Egito também, porque José administrou o estoque de alimentos. Todos aqueles benefícios alcançaram nosso mundo de hoje, porque "a salvação vem dos judeus" (JOÃO 4:22).

Você alguma vez repetiu as palavras de Jacó: "Tudo está contra mim" (GÊNESIS 42:36 NVI)? Na verdade, tudo o que sucedeu a José trabalhou *em favor* dele e de sua família — *e em favor de nós*! Na próxima vez que questionarmos Deus por que a vida está difícil e não conseguirmos entender Seus caminhos, devemos nos lembrar das provações do jovem José e do controle providencial e misericordioso de Deus sobre todas as coisas. Não precisamos ver ou sentir que Deus está agindo em todas as coisas para o bem, porque *sabemos* quem Ele é!

"Foi-me bom ter eu passado pela aflição, para que aprendesse os teus decretos" (SALMO 119:71).

"Eis que Deus é a minha salvação; confiarei e não temerei..." (ISAÍAS 12:2).

# 5

> *O sangue vos será por sinal nas casas em que estiverdes;* **quando eu vir o sangue**, *passarei por vós, e não haverá entre vós praga destruidora, quando eu ferir a terra do Egito* (ÊXODO 12:13).

A mente obscurecida não entende a importância do sangue sacrificial na Bíblia. Alguns teólogos liberais chamam o cristianismo evangélico de "religião de matadouro" e muitas pessoas rejeitam a cruz de Cristo, mas continuam tentando seguir Seus ensinamentos éticos. "Certamente a palavra da cruz é loucura para os que se perdem, mas para nós, que somos salvos, poder de Deus" (1 CORÍNTIOS 1:18). Rejeitar o sangue significa rejeitar Jesus e a salvação eterna.

*Deus viu o sangue na porta*. Aquele sangue testemunhava aos egípcios que o julgamento estava próximo, mas transmitiu confiança e paz aos judeus que estavam para dentro daquelas portas. Se houvesse sangue na porta, eles sabiam que o anjo da morte "passaria por cima" de sua casa e o primogênito não morreria. O sangue na porta do vizinho não era suficiente; era necessário torná-lo pessoal. Observe a sequência em Êxodo 12:3-5: "um cordeiro [...] o cordeiro [seu] cordeiro". O cordeiro representava Jesus, o cordeiro de Deus que morreu pelos pecados do mundo (JOÃO 1:29; 1 PEDRO 1:18,19).

*Deus viu o sangue na arca da aliança* (LEVÍTICO 16:14). O Dia da Expiação anual era uma data solene no calendário judaico, o único dia do ano no qual o sumo sacerdote tinha permissão para entrar no Santo dos Santos. Primeiro ele sacrificava um novilho como oferta pelo pecado dele próprio e de sua família e aspergia o sangue do animal no propiciatório no Santo dos Santos. Depois, sacrificava um bode como oferta pelo pecado do povo e aspergia o sangue do animal no propiciatório. Em seguida, impunha as mãos sobre o bode vivo, confessava os pecados do povo e enviava o bode ao deserto pela mão de um "homem à disposição" (v.21). As tábuas da lei estavam dentro da arca, mas quando o Senhor olhava para baixo, não via a lei violada. Via sangue! Aleluia!

*Deus viu o sangue em corpos humanos* (ÊXODO 29:20; LEVÍTICO 14:14,26-28). Quando Arão e seus filhos foram consagrados como sacerdotes, Moisés colocou um pouco de sangue sacrificial do carneiro na orelha direita, no polegar da mão direita e no polegar do pé direito de cada homem, como símbolo de consagração total ao Senhor. O mesmo procedimento era usado com os leprosos purificados, para que pudessem voltar ao acampamento (LEVÍTICO 14:14). Hoje, quando um pecador confia em Cristo, o sangue é aplicado pelo Espírito, e o pecador é salvo! Quando um crente confessa seus pecados ao Senhor, o sangue é aplicado e os pecados são perdoados (1 JOÃO 1:6-8).

*Deus viu o sangue na cruz.* Foi lá que o Senhor, "havendo feito a paz pelo sangue da sua cruz" reconciliou "consigo mesmo todas as coisas" (COLOSSENSES 1:20). Jesus ofereceu-nos a Ceia do Senhor para nos lembrar da nova aliança que Ele estabeleceu mediante Seu sangue (LUCAS 22:20). Jesus levou as feridas (não as cicatrizes!) da cruz ao céu, para que Seu povo se lembrasse do preço que Ele pagou para nos salvar. Fomos redimidos "pelo precioso [...] sangue de Cristo" (1 PEDRO 1:19).

A promessa em 1 João é fidedigna.

"Se confessarmos os nossos pecados, ele é fiel e justo para nos perdoar os pecados e nos purificar de toda injustiça" (1 JOÃO 1:9).

# 6

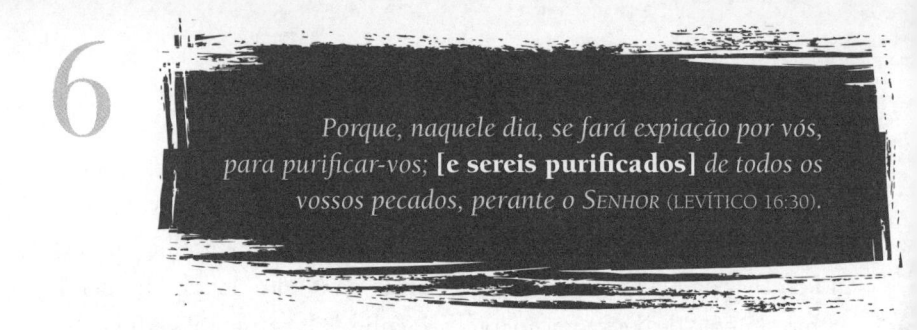

> Porque, naquele dia, se fará expiação por vós, para purificar-vos; [e sereis purificados] de todos os vossos pecados, perante o SENHOR (LEVÍTICO 16:30).

O livro de Levítico foi entregue aos sacerdotes judeus e a seu povo para que eles fizessem "diferença entre o santo e o profano e entre o imundo e o limpo" (10:10; VER 11:47), porque o mandamento de Deus é: "...vós sereis santos, porque eu sou santo" (11:45). Esse mandamento foi dado não apenas aos israelitas, mas também à igreja (1 PEDRO 1:13-16).

Na Bíblia, o pecado é comparado à sujeira, e provavelmente o povo de Deus de hoje corre mais perigo de ser corrompido pelo mundo, pela carne e pelo diabo que os antigos judeus (EFÉSIOS 2:1-3; 5:1-14). Deus ensinou o discernimento espiritual a Seu povo, fornecendo-lhe as regras referentes a dieta, saúde e higiene pessoal.

*Purificados com água.* A impureza representa o pecado, mas a purificação representa o perdão (SALMO 51:2,7). Na Bíblia, a água potável é símbolo do Espírito de Deus (JOÃO 7:37-39), porém a água para purificação representa a Palavra de Deus. "Vós já estais limpos pela palavra que vos tenho falado", disse Jesus (JOÃO 15:3), e Paulo falou da "lavagem de água pela palavra" (EFÉSIOS 5:25-27). Nos santuários do Antigo Testamento havia uma bacia grande com água limpa, chamada pia de bronze, na qual os sacerdotes lavavam as mãos e os pés periodicamente durante seu ministério diário, porque, se não se lavassem, corriam o grande risco de serem julgados por Deus (ÊXODO 30:17-21). Observe que os sacerdotes ficavam impuros *enquanto serviam a Deus no santuário*.

*Purificados com sangue.* Na meditação anterior, mencionamos o poder do sangue sacrificial para libertar o povo de Deus da escravidão e do julgamento, conforme fez o sangue do cordeiro nas casas dos judeus no Egito. "Com efeito, quase todas as coisas, segundo a lei, se purificam com sangue; e, sem derramamento de sangue, não há remissão" (HEBREUS 9:22). Na cruz, Jesus nos amou e "pelo Seu sangue, nos libertou dos nossos pecados" (APOCALIPSE 1:5). Somos justificados (declarados justos) por Seu sangue (ROMANOS 5:9) e também santificados (feitos justos) por Seu sangue (HEBREUS 13:12). Quando confessamos nossos pecados a Deus, Ele nos perdoa e nos purifica por meio do sangue de Jesus Cristo (1 JOÃO 1:5-10).

*Purificados com fogo*. Isso se aplicava principalmente aos espólios de metais da batalha (NÚMEROS 31:21-24), "tudo o que pode suportar o fogo". Mas também nos lembra que Deus, às vezes, nos coloca no fogo da tribulação, para nos purificar. "Antes de ser afligido, andava errado, mas agora guardo a tua herança (SALMO 119:67,71,75; VEJA HEBREUS 12:11; 1 PEDRO 1:6,7). Quando passamos pelo fogo, Deus está conosco e nos usará para glorificá-lo (ISAÍAS 43:2; DANIEL 3:16-26).

Estamos fazendo distinção entre o santo e o profano e escolhemos somente o melhor para nossa vida (EZEQUIEL 22:23-31; 44:23)? Se não, poderemos nos ver na fornalha da aflição experimentando a disciplina do Senhor (HEBREUS 12:1-11). Não significa ser condenado por um juiz severo, mas ser "açoitado" por um Pai amoroso cujo objetivo é levar--nos a ser "participantes da sua santidade" (HEBREUS 12:10), conhecendo a diferença entre puro e impuro.

> "Toda disciplina, com efeito, no momento não parece ser motivo de alegria, mas de tristeza; ao depois, entretanto, produz fruto pacífico aos que têm sido por ela exercitados, fruto de justiça" (HEBREUS 12:11).

Antigo Testamento

# 7

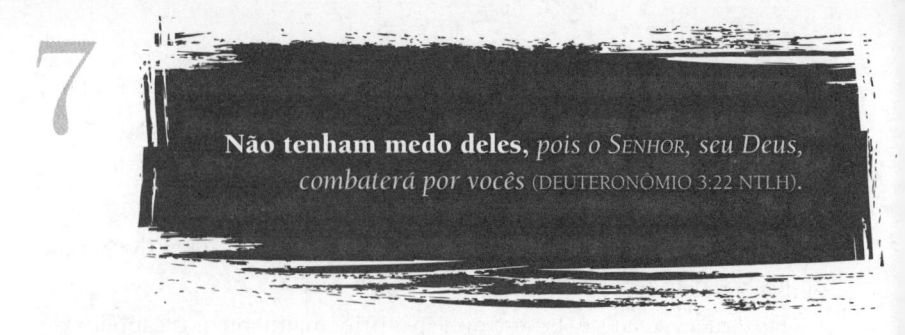

> **Não tenham medo deles,** *pois o* SENHOR, *seu Deus, combaterá por vocês* (DEUTERONÔMIO 3:22 NTLH).

Quando disse essas palavras, Moisés estava recapitulando para a nova geração de israelitas a jornada do Egito até Canaã. Seus antepassados haviam derrotado dois reis poderosos, Seom e Ogue (DEUTERONÔMIO 2:26–3:11), e Moisés usou essas vitórias para encorajar Josué a confiar no Senhor, entrar na Terra Prometida e conquistá-la. Você e eu não estamos guerreando contra nações poderosas, mas temos de enfrentar "os dominadores deste mundo tenebroso" (EFÉSIOS 6:12) para tomar posse de nossa herança em Cristo. Não devemos temer o inimigo tanto quanto devemos temer o fracasso para tomar posse de tudo o que Deus tem para nós (HEBREUS 4:1-9). Portanto, precisamos entender três tipos de medo.

Há *medos normais que precisam nos deixar alertas*. Toda criança necessita ser avisada sobre os perigos de atravessar a rua, brincar com eletricidade ou facas, nadar em águas profundas ou ingerir veneno. Ter medo de ferimento e morte é normal, e quando nos encontramos em situações de perigo, esse medo nos alerta a promover mudanças e buscar ajuda. Os soldados medrosos espalham desânimo, e soldados desanimados provavelmente não vencem a guerra (DEUTERONÔMIO 20:3,4,8).

Há também *medos anormais que nos paralisam*. Minha enciclopédia apresenta quatro páginas de fobias, com quatro colunas de fobias em cada página! Meu dicionário define fobia como "estado de angústia, impossível de ser dominado, que se traduz por violenta reação de evitamento e que sobrevém de modo relativamente persistente, quando certos objetos, tipos de objeto ou situações se fazem presentes, imaginados ou mencionados" (*Houaiss*, 2009). Se você tem medo de tomar banho, sofre de ablutofobia, mas se tem medo de sujeira, sofre de misofobia. Algumas pessoas sofrem de lachanofobia, ou medo de vegetais e verduras, porém um número maior ainda sobre de acrofobia, medo de altura.

Há, porém, *um medo que nos estabiliza* e que todo crente *precisa* cultivar: *o temor do Senhor;* o temor do Senhor é o temor que elimina todos os outros temores. "Bem-aventurado o homem que teme ao SENHOR e se compraz nos seus mandamentos" (SALMO 112:1). Leia o Salmo inteiro e descobrirá que o temor do Senhor elimina os medos a respeito de nossa família (v.2), pobreza (v.3), trevas (v.4), causa em juízo (v.5) e uma série de outros temores.

Temer ao Senhor não significa encolher-se e rastejar com medo de que nosso Pai nos destrua, mas ter sempre respeito amoroso e obediência jubilosa em relação a nosso Pai celestial, porque o amamos e queremos agradá-lo. Precisamos respeitar a Deus e obedecer-lhe por causa de quem Ele é, pelo Seu caráter e Sua autoridade sobre nós. A. W. Tozer escreveu em *A raiz dos justos* (Ed. Mundo Cristão, 2009): "Ninguém pode conhecer a verdadeira graça de Deus sem antes conhecer o temor de Deus". Se conhecemos o temor de Deus, não precisamos ter medo do inimigo; porque o Senhor lutará por nós"!

"O temor do SENHOR é o princípio do saber, mas os loucos desprezam a sabedoria e o ensino" (PROVÉRBIOS 1:7). "Saber" significa compreender os fatos do mundo e sabedoria é saber usar esses fatos para fazer a vontade de Deus e glorificar Seu nome. "O temor do SENHOR é o princípio da sabedoria..." (SALMO 111:10). Nosso maior inimigo é ignorar a sabedoria espiritual, conforme lemos na Palavra de Deus.

"Ele abençoa os que temem o SENHOR..." (SALMO 115:13).

# 8

> Assim, **tomou Josué toda esta terra,** *segundo tudo o que o* Senhor *tinha dito a Moisés; e Josué a deu em herança aos filhos de Israel, conforme as suas divisões e tribos; e a terra repousou da guerra.* (JOSUÉ 11:23)

O tema do livro de Josué é a conquista de Canaã por Israel sob a liderança de Josué. Os israelitas já *possuíam* a terra por causa da promessa de Deus a Abraão (GÊNESIS 13:14-18), mas agora deveriam *tomar posse* dela e usufruí-la. É lamentável que alguns liristas e poetas pensem que atravessar o Jordão e entrar em Canaã seja uma representação de morrer e ir para o céu, mas não é. Com certeza no céu não haverá guerras! Ao contrário, é uma representação dos crentes *da atualidade* que se separam da vida antiga (cruzam o Jordão) e se apropriam, pela fé, de sua herança espiritual em Cristo. Essa decisão resulta em batalhas e bênçãos, mas nosso Josué, Jesus Cristo, dá-nos vitória seguida de descanso (HEBREUS 4).

Josué foi um líder escolhido por Deus (NÚMEROS 27:12-23; DEUTERONÔMIO 31:1-8), um homem piedoso com anos de experiência como chefe do exército (ÊXODO 17:8-16) e como servo fiel de Moisés (33:7-11). Inteiramente consagrado ao Senhor, ele sabia que era o segundo no comando (JOSUÉ 5:13-15). O Senhor ordenou-lhe: "Sê forte e corajoso" (JOSUÉ 1:6,7,9), porque prometera que ele seria vitorioso. Em todos os livros de Moisés você encontrará promessas de Deus de que Ele expulsaria o inimigo e daria a terra a Israel, e Josué apoderou-se daquelas promessas (GÊNESIS 13:14-18; ÊXODO 23:20-33; 33:1,2; 34:10-14; LEVÍTICO 18:24,25; 20:23,24; NÚMEROS 33:50-56; DEUTERONÔMIO 4:35-38; 7:17-26; 9:1-6). Josué não possuía mapa nem guia de viagem, mas possuía a Palavra de Deus (JOSUÉ 1:7,8). Que exemplo para seguirmos!

Josué, porém, foi um líder humilde, pronto para admitir seus erros e não lançar a culpa em outra pessoa. Depois da grande vitória em Jericó, ele não buscou a orientação de Deus e Israel sofreu uma derrota humilhante em Ai (JOSUÉ 7). Josué prostrou-se com o rosto em terra para buscar o Senhor, e Deus ordenou-lhe que se levantasse, parasse de orar e se livrasse do pecador cuja desobediência causara a derrota. Posteriormente, ele se precipitou e, sem consultar a Deus, fez uma aliança de paz com os inimigos de Israel, os gibeonitas (JOSUÉ 9). É importante que os servos de Deus parem e esperem no Senhor, sem sentir confiança exagerada em razão de vitórias anteriores.

Josué foi um homem de fé, e os líderes são os que mais necessitam de fé. "Pela fé, ruíram as muralhas de Jericó, depois de rodeadas por sete dias" (HEBREUS 11:30). A fé aceita a estratégia de Deus, por mais estranha que possa parecer, e obedece às ordens de Deus. Josué teve muita fé a ponto de clamar a Deus para que prolongasse a duração do dia a fim de dar tempo ao exército para derrotar o inimigo (JOSUÉ 10).

Josué conquistou a terra, mas infelizmente nem todas as tribos tomaram posse de todos os seus territórios (JUÍZES 1:27-36). Será que a igreja de hoje apropriou-se de tudo o que Jesus pagou por nós na cruz? Necessitamos de mais pessoas como Josué, que creiam em Deus e ajudem os outros a tomar posse de sua herança.

"Finalmente, sede todos de igual ânimo, compadecidos, fraternalmente amigos, misericordiosos, humildes, não pagando mal por mal ou injúria por injúria; antes, pelo contrário, bendizendo, pois para isto mesmo fostes chamados, a fim de receberdes bênção por herança"
(1 PEDRO 3:8,9).

# 9

> *Então, se virou o SENHOR para ele e disse: Vai nessa tua força e livra Israel da mão dos midianitas;* **porventura, não te enviei eu?** (JUÍZES 6:14)

Se fôssemos vizinhos de Gideão, jamais teríamos suspeitado de que um dia ele seria um grande general e um juiz famoso em Israel, mas foi exatamente o que ocorreu. Quando estava malhando trigo no lagar, Gideão surpreendeu-se ao ouvir o Senhor chamá-lo de "homem valente" (JUÍZES 6:12). Seus amigos devem ter-se espantado com a coragem que ele teve para destruir o altar de Baal e erigir um altar ao Senhor, e depois reunir um pequeno exército para derrotar os midianitas. Qual foi o segredo dessa extraordinária transformação? Ele foi enviado por Deus e confiou em Suas promessas. A questão não é saber quem somos ou o que podemos fazer, mas saber que fomos enviados por Deus.

No entanto, no início desse encontro com Deus, a falta de fé desse homem quase arruinou tudo. "Se o SENHOR é conosco, por que nos sobreveio tudo isto? E que é feito de todas as suas maravilhas [...]? Porém, agora, o SENHOR nos desamparou..." (v.13). O erro de Gideão foi olhar para *suas circunstâncias* em vez de olhar para Deus e obedecer-lhe. Não há obstáculos para o nosso Deus soberano, porque, para Ele, tudo é possível. Quando vivemos pela fé no Deus vivo e verdadeiro, não fazemos perguntas. Confiamos nas promessas.

Então Gideão olhou para *si mesmo* e ficou mais desanimado ainda. "Ai, Senhor meu! Com que livrarei Israel? Eis que a minha família é a mais pobre em Manassés, e eu, o menor na casa de meu pai" (v.15). Mas Deus já o chamara de "homem valente", e Ele sempre diz a verdade.

*"Pelo contrário, Deus escolheu as coisas loucas do mundo para envergonhar os sábios e escolheu as coisas fracas do mundo para envergonhar as fortes; e Deus escolheu as coisas humildes do*

mundo, e as desprezadas, e aquelas que não são, para reduzir a nada as que são; a fim de que ninguém se vanglorie na presença de Deus"
(1 CORÍNTIOS 1:27-29).

Gideão tinhas as qualificações, e nós também temos! Em Hebreus 11:32, Gideão faz parte da lista dos outros heróis da fé que realizaram coisas grandiosas para glorificar o Deus que os enviara. Quando nos envia, Deus vai conosco e permanece conosco. A promessa de Deus: "Serei contigo" sustentou-os e pode sustentar--nos hoje. O Senhor fez essa promessa a Abraão (GÊNESIS 26:3), a Jacó (31:3), a Moisés (ÊXODO 3:12), a Josué (JOSUÉ 1:5,9), Jeremias (JEREMIAS 1:8,19), ao apóstolo Paulo (ATOS 18:9,10) e a cada cristão de hoje (HEBREUS 13:5,6). "Não fui eu que te ordenei?", e "Eu serei contigo" podem transformar qualquer cristão!

Um amigo meu enviou-me estes versos que, a meu ver, resumem essa meditação:

*Olha para as circunstâncias e ficarás angustiado;*
*Olha para ti mesmo e ficarás deprimido;*
*Olha com fé para Jesus e serás abençoado.*

"Portanto, [...] corramos, com perseverança, a carreira que nos está proposta, olhando firmemente para o Autor e Consumador da fé, Jesus..."
(HEBREUS 12:1,2).

# 10

**O SENHOR retribua o teu feito,** *e seja cumprida a tua recompensa do* SENHOR, *Deus de Israel, sob cujas asas vieste buscar refúgio* (RUTE 2:12).

O Senhor *recompensou* o trabalho de Rute, porém ela não poderia ter feito nada se antes não tivesse tido fé no Senhor, porque "a fé sem obras é morta" (TIAGO 2:26). Seu testemunho em Rute 1:16,17 é um dos mais grandiosos da Bíblia, e sua vida, uma das puras e mais doces. Rute confiou no Senhor, e Ele a recompensou promovendo algumas mudanças maravilhosas em sua vida.

*A forasteira chegou.* "Nenhum amonita ou moabita entrará na assembleia do SENHOR" (DEUTERONÔMIO 23:3), porém Rute abandonou seus ídolos e aceitou o Senhor e, como prosélita judia, ela fez parte da nação. Mas, acima de tudo, espiritualmente falando, ela passou a habitar no Santo dos Santos no tabernáculo, sob as asas do querubim que guardava a Arca da Aliança (SALMOS 36:7,8; 61:4; 91:1-4). Tive experiência semelhante quando confiei em Cristo. "Mas, agora, em Cristo Jesus, vós, que antes estáveis longe, fostes aproximados pelo sangue de Cristo" (EFÉSIOS 2:13).

*A enlutada encontrou paz.* O primeiro capítulo do livro de Rute é encharcado de lágrimas de adeus quando Elimeleque e Noemi e os dois filhos do casal saíram de Belém. Depois, o marido e os filhos de Noemi morreram, deixando três viúvas. As viúvas e os leprosos ocupavam os últimos lugares da escala social naquela época. Noemi decidiu voltar para Belém, e Rute insistiu em acompanhá-la. Quando chegaram a Belém, Noemi disse às suas amigas: "...Não me chameis Noemi; chamai-me Mara...", que em hebraico significa *amarga* (RUTE 1:20). Mas Rute tinha a paz de Deus no coração e começou imediatamente a ministrar à sua sogra. A cunhada de Rute que ficou em Moabe deve ter casado de novo e encontrado paz (1:9), mas a paz que Rute sentiu em Belém foi muito maior.

*A trabalhadora sentiu satisfação.* Rute aprendeu que a lei hebraica permitia que os pobres rebuscassem as espigas durante a colheita, e ela queria cuidar de Noemi da melhor forma possível. Vemos aqui a providência de Deus, porque ela escolheu "por casualidade" as terras de Boaz, um dos parentes de Noemi, e "por casualidade" Boaz chegou enquanto ela estava trabalhando. Foi "amor à primeira vista", e ele disse a Rute que trabalhasse apenas em suas terras. Ordenou a seus servos que a protegessem e deixassem cair algumas espigas de propósito para ela colher. Boaz fez questão que ela descansasse e deu-lhe de comer e de beber, embora ela fosse uma estrangeira! Rute encontrou favor (GRAÇA) aos olhos dele (2:2,10,13), e é assim que a salvação sempre começa.

*A "ninguém" foi altamente honrada.* Além de tornar-se membro fiel da comunidade judaica, Rute se casou com Boaz e deu à luz o avô do rei Davi! E mais: seu nome aparece na genealogia de nosso Senhor Jesus Cristo (MATEUS 1:5). Rute começou como uma viúva pobre (CAP.1) que vivia de sobras (CAP.2). Recebeu presentes de Boaz (CAP.3) e acabou casando-se com Boaz e participando de toda a sua riqueza (CAP.4). Essa é a graça de Deus! Essas foram as "recompensas" de Deus até o dia em que ela chegou ao céu e recebeu a "plena recompensa".

Recompensas recebidas aqui e recompensa plena recebida no céu — como é misericordioso o Mestre a quem servimos! Devemos ser servos que mereçam recompensas.

"Acautelai-vos, para não perderdes aquilo que
temos realizado com esforço, mas para receberdes
completo galardão" (2 JOÃO 8).

# 11

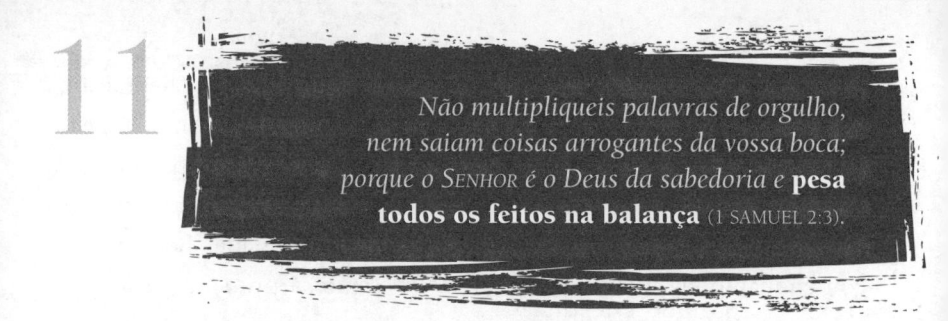

> Não multipliqueis palavras de orgulho, nem saiam coisas arrogantes da vossa boca; porque o SENHOR é o Deus da sabedoria e **pesa todos os feitos na balança** (1 SAMUEL 2:3).

Ana era uma mulher piedosa, porém mal compreendida e criticada. Penina, a segunda mulher de seu marido, a provocava e a levava às lágrimas porque Ana não tinha filhos, e Eli, o sumo sacerdote, imaginou que ela estivesse embriagada. Ana faz parte da lista de outras pessoas de fé que foram mal compreendidas e criticadas, como José, Davi, Jeremias, Paulo e até o nosso Senhor Jesus Cristo. (Jesus foi até acusado de ser aliado de Satanás!). Mas Deus ouviu as orações de Ana e deu-lhe um filho a quem ela chamou de Samuel e consagrou ao Senhor para servir no tabernáculo. Samuel tornou-se um dos gigantes espirituais do Antigo Testamento. Essas palavras do cântico de júbilo de Ana encorajam-nos quando somos mal compreendidos ou criticados.

*Deus conhece a verdade.* Ele sabe o que as outras pessoas pensam e dizem; sabe também o que *você* pensa e diz (SALMO 139:1-6). Sabe o que está em cada coração (ATOS 1:24). "E não há criatura que não seja manifesta na sua presença; pelo contrário, todas as coisas estão descobertas e patentes aos olhos daquele a quem temos de prestar contas" (HEBREUS 4:13). Nós nem sequer conhecemos o nosso coração (JEREMIAS 17:9)! Pedro imaginou estar pronto para morrer pelo Senhor, sem saber que estava prestes a negá-lo três vezes. Quando as pessoas mentem a seu respeito, tenha certeza de que seu Pai celestial conhece a verdade e um dia acertará contas com o mentiroso.

*Deus pesa as pessoas e suas ações.* O evangelista D. L. Moody dizia que os convertidos deveriam ser pesados e contados, e que nosso Senhor pesa as pessoas e o que elas dizem e fazem. "Somente vaidade são os homens plebeus; falsidade, os de fina estirpe; pesados em balança, eles juntos são mais leves que a vaidade" (SALMO 62:9). "Vaidade de vaidades, diz o Pregador; vaidade de vaidades, tudo é vaidade" (ECLESIASTES 1:2). Salomão usou a palavra hebraica *hevel* 38 vezes em Eclesiastes, traduzida por "vaidade, frivolidade, futilidade". A vida dentro da vontade de Deus é sólida e gratificante, mas a vida fora de Sua vontade é vazia e sem sentido. Devemos pesar nossas palavras antes de falar, porque Deus as pesa. "O coração do justo medita o que há de responder...", Salomão escreveu (PROVÉRBIOS 15:28). Devemos também julgar as palavras proferidas na igreja para evitar que não estejam de conformidade com a Palavra de Deus (1 CORÍNTIOS 14:29). Jesus adverte: "Digo que de toda palavra frívola que proferirem os homens, dela darão conta no dia do juízo" (MATEUS 12:36). Deus pesa nosso espírito (PROVÉRBIOS 16:2) e nosso coração (21:2; 24:12). Ele vê e ouve o que ninguém é capaz de ver e ouvir.

*Deus recompensa os que usam materiais "de peso".* Se usarmos materiais de grande valor para realizar a obra de Deus (ouro, prata e pedras preciosas, não madeira, feno e palha), receberemos a recompensa; se não nesta vida, será na próxima (1 CORÍNTIOS 3:12-17; EFÉSIOS 6:8; COLOSSENSES 3:23,24). A mulher de Potifar mentiu a respeito de José e ele foi preso, mas Deus o honrou. O rei Saul mentiu a respeito de Davi e tentou matá-lo, mas Davi foi justificado. Até o Senhor Jesus foi justificado em Sua ressurreição e ascensão gloriosa ao céu.

O rei Belsazar considerava-se rico e poderoso e, de acordo com os padrões do mundo, ele era mesmo. Deus, porém, disse-lhe: "Pesado foste na balança e achado em falta" (DANIEL 5:27). Naquela mesma noite, ele foi morto. Não pese a vida nas balanças do mundo; pese-a nas balanças de Deus. Se colocarmos Cristo em primeiro lugar, nós o teremos — e teremos tudo mais de que necessitamos!

"Buscai, pois, em primeiro lugar,
o seu reino e a sua justiça, e todas estas coisas
vos serão acrescentadas" (MATEUS 6:33).

# 12

> O rapaz [escudeiro] respondeu [a Jônatas]:
> — Faça o que achar melhor. **Eu estou com o senhor**
> (1 SAMUEL 14:7 NTLH).

Cinco palavras simples — "eu estou com o senhor" —, mas que ajudaram a fazer diferença entre o sucesso e o fracasso. Jônatas já tinha vencido a batalha, cujo crédito fora dado a seu pai, o rei Saul (1 SAMUEL 13:1-4), mas ele não se importou com isso, porque Deus recebeu a glória e a nação de Israel foi protegida. Como povo de Deus, estamos sempre em conflito com os inimigos do Senhor e sempre estamos em número menor. Havia três tipos de israelitas no campo de batalha naquele dia, da mesma forma que há três tipos de "soldados cristãos" na igreja de hoje.

*Há aqueles que não fazem nada.* O rei Saul estava sentado sob uma árvore, rodeado de 600 soldados, imaginando o que faria em seguida. Os líderes devem *desempenhar bem* suas funções, não apenas ocupá-las (1 TIMÓTEO 3:13). Deus havia dado posição e autoridade a Saul, mas ele parecia não ter visão, nem poder nem estratégia. Permanecia ao longe como mero espectador em vez de agir, e os espectadores não progridem muito na vida. Junto a Saul e seu pequeno exército havia muitos israelitas que haviam fugido do campo de batalha e se escondido; alguns haviam até se rendido ao inimigo! Quando Jônatas e seu escudeiro começaram a derrotar os filisteus e o Senhor sacudiu o acampamento do inimigo, os fujões saíram do esconderijo e entraram na batalha. Você conhece algum cristão semelhante? É um deles?

*Há aqueles que não temem nada.* Jônatas já havia vencido a batalha contra os filisteus e era um homem de fé. Tinha certeza de que o Deus de Israel daria a vitória a Seu povo. Talvez estivesse se apoiando nas promessas de Deus em Levítico 26:7,8: "Perseguireis os vossos inimigos, e cairão à espada diante de vós. Cinco de vós perseguirão a cem, e cem dentre vós perseguirão a dez mil...". Jônatas garantiu a seu escudeiro: "...para o SENHOR nenhum impedimento há de livrar com muitos ou com poucos" (1 SAMUEL 14:6). Jônatas esperava que Deus lhe desse um sinal de que sua estratégia estava correta, e Deus a confirmou (vv.9-14). Deus também provocou um terremoto no acampamento do inimigo. Os filisteus entraram em pânico e começaram a atacar uns aos outros; e o exército do inimigo começou a se dissolver (v.16). *Há aqueles que trabalham em silêncio.* O escudeiro de Jônatas é mencionado nove vezes nessa narrativa, mas seu nome não é revelado. Da mesma forma que muitas pessoas na Escritura, ele desempenhou bem suas funções, mas permaneceu anônimo até receber a recompensa no céu. Pense no rapaz que ofereceu seu lanche a Jesus, com o qual Cristo alimentou cinco mil pessoas (JOÃO 6:8-11) ou na menina judia que enviou Naamã a Eliseu para ser curado de lepra (2 REIS 5:1-4) ou ainda no sobrinho de Paulo cuja ação rápida salvou a vida de seu tio (ATOS 23:16-22).

O escudeiro encorajou Jônatas e prometeu permanecer ao lado dele. Todos os líderes, por mais sucesso que tenham, necessitam de outras pessoas a seu lado para ajudá-los a acelerar seus planos. Arão e Hur ajudaram Moisés a permanecer de mãos levantadas, enquanto este orava por Josué e pelo exército judeu na batalha (ÊXODO 17:8-16), e Jesus pediu a Pedro, Tiago e João que vigiassem com ele enquanto orava no jardim (MATEUS 26:36-46). Bem-aventurados são os líderes que possuem colaboradores dignos de confiança, cujo coração está em unidade com o coração do líder e que trabalham em silêncio dizendo com dedicação: "Estou com você". Jesus nos diz isso e nos ajudará a dizer o mesmo aos outros.

"E eis que estou convosco todos os dias até à consumação do século" (MATEUS 28:20).

# 13

> Então, respondeu um dos moços e disse: Conheço um filho de Jessé, o belemita, que sabe tocar e é forte e valente, homem de guerra, sisudo em palavras e de boa aparência; e **o Senhor é com ele** (1 SAMUEL 16:18).

Davi ainda não havia matado Golias, portanto não era o herói popular no qual se tornou depois. Mas aquele moço anônimo tinha observado e admirado Davi, e o recomendara para ministrar a Saul durante as horas de angústia demoníaca do rei. Havia outros jovens em Israel que eram músicos, guerreiros, bons oradores e de boa aparência, mas o que mais impressionou esse moço de Saul foi que o Senhor estava com Davi. O Senhor havia estado com Saul, mas se retirara dele (1 SAMUEL 10:7; 16:14). O Senhor havia estado com Abraão (GÊNESIS 21:22), com Isaque (26:28), com Jacó (28:15), com José (39:2,3,21,23) e com Josué (JOSUÉ 1:5), portanto Davi estava em companhia ilustre. Não há honra maior do que estar em companhia do Senhor — mas o que isso significa?

*Significa caráter espiritual.* Quando foi à casa de Jessé para ungir o novo rei, Samuel ficou impressionado com os irmãos de Davi. Mas Deus disse-lhe que não prestasse atenção às aparências, porque "o SENHOR [vê] o coração" (1 SAMUEL 16:7). Anos depois, Asafe escreveu a respeito de Davi: "E ele os apascentou consoante a integridade do seu coração..." (SALMO 78:72). Saul era um homem de mente dividida e coração orgulhoso, que queria ser honrado diante do povo (1 SAMUEL 15:30), mas Davi era humilde e queria honrar ao Senhor. Davi era um homem de caráter, um homem segundo o coração de Deus (13:14 NVI). Robert Murray M'Cheyne escreveu: "Deus abençoa os grandes talentos, mas não tanto quanto abençoa a grande semelhança com Jesus".

*Significa poder divino.* Embora talvez fosse apenas um adolescente, Davi matou o gigante Golias usando uma funda de pastor. Conduziu seus soldados em vitória, de modo que as mulheres começaram a cantar-lhe louvores: "...Saul feriu os seus milhares, porém Davi, os seus dez milhares" (18:7). Esse cântico ajudou a atiçar a inveja que Saul sentia de Davi e seu desejo de matá-lo, mas o Senhor protegeu Davi. O Senhor capacita e dá força a quem Ele chama, e Davi dependia do poder de Deus. Ele sabia incentivar líderes (CAP.23). O Senhor estava com Davi, e ele nunca fracassou. O rei escreveu: "Pois de força me cingiste para o combate..." (SALMO 18:39).

*Significa oposição.* O povo de Israel amava e respeitava Davi, mas Saul e seus seguidores queriam matá-lo. Todo cristão verdadeiro que honra o Senhor e permite que a luz brilhe será atacado por pessoas que preferem as trevas (JOÃO 3:19-21). Durante cerca de 7 anos, Saul perseguiu Davi e seus homens, que tiveram de se mudar de um lugar para outro e até morar em cavernas. Provavelmente nós não estamos sendo perseguidos por exércitos, mas "todos quantos querem viver piedosamente em Cristo Jesus serão perseguidos" (2 TIMÓTEO 3:12).

*Significa bênçãos duradouras.* 1 Reis 2 relata a morte de Davi, porém seu nome é citado muitas vezes na Bíblia depois disso. Ele abençoou o povo após sua morte e abençoa o povo de Deus até hoje. Deixou o projeto da construção do Templo e grande riqueza para construi-lo (1 CRÔNICAS 28:11-20). Também deixou armas para o exército (2 REIS 11:10; 2 CRÔNICAS 23:9), instrumentos musicais para serem usados nos cânticos no Templo (2 CRÔNICAS 29:26,27; NEEMIAS 12:36), e salmos para serem entoados. Muitos do que cantamos hoje tem origem nos salmos de Davi. Nosso Salvador Jesus Cristo nasceu da linhagem de Davi.

As dádivas que Davi nos deixou continuam a nos abençoar, e 1 João 2:17 garante-nos que aquele "que faz a vontade de Deus permanece eternamente". Que o Senhor esteja conosco!

"Disse Davi a Salomão, seu filho: Sê forte e corajoso
e faze a obra; não temas, nem te desanimes,
porque o SENHOR Deus, meu Deus, há de ser contigo;
não te deixará nem te desamparará..."
(1 CRÔNICAS 28:20).

# 14

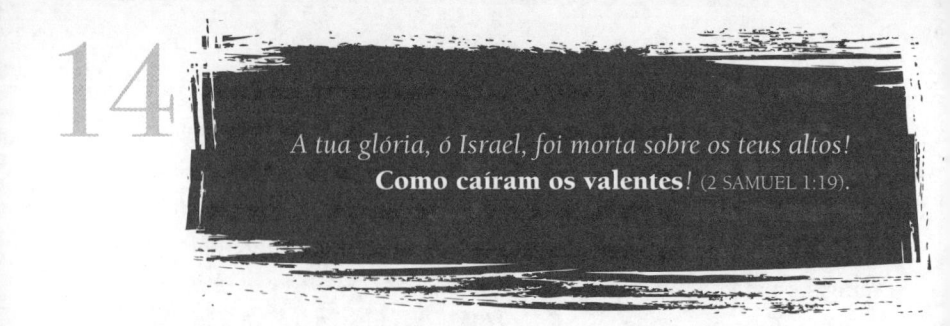

> A tua glória, ó Israel, foi morta sobre os teus altos!
> **Como caíram os valentes!** (2 SAMUEL 1:19).

"Fale sempre bem dos mortos" é um provérbio antigo, e Davi o obedeceu quando escreveu essa elegia em homenagem a Saul e Jônatas. Davi não diz nada a respeito do egoísmo e das ações pecaminosas de Saul, porém exclama três vezes: "Como caíram os valentes!" (2 SAMUEL 1:19,25,27). Saul era um gigante em estatura (1 SAMUEL 10:23,24), mas um pigmeu em caráter, pois vivia se escondendo.

Ele se escondeu para não aceitar responsabilidade (1 SAMUEL 10:20-24). Samuel fez uma cena dramática quando apresentou o primeiro rei de Israel ao povo. Excluiu todas as tribos até restar apenas a tribo de Benjamim, e depois excluiu todas as famílias até restar apenas a família de Quis. Mas não conseguiu encontrar Saul! Perguntou ao Senhor onde Saul estava e recebeu esta resposta: "Está aí escondido entre a bagagem" (v.22), isto é, a bagagem do povo ali reunido. O que Saul estava fazendo ali? Já havia sido ungido por Samuel, portanto sabia que Deus o havia escolhido para ser rei, e não havia nenhum motivo para esconder-se, nem mesmo hesitar. Foi uma demonstração de medo ou de falsa humildade? "Se Deus chamou um homem para ser rei", G. Campbell Morgan disse: "ele não tem o direito de se esconder". Concordo.

Ele se escondeu para não ter de prestar contas de seus erros. À medida que lemos sobre a vida de Saul, vemos que ele desobedeceu a Deus várias vezes e depois se justificava em vez de confessar e buscar perdão. Em 1 Samuel 13, ele ficou impaciente enquanto aguardava a chegada de Samuel para oferecer um sacrifício; assim, ele próprio ofereceu o sacrifício e depois culpou Samuel por estar "atrasado". No capítulo 14, Saul fez um juramento precipitado e culpou seu filho Jônatas pelas consequências — e quase o matou!

No capítulo 15, ele falhou em obedecer ao Senhor não matando o rei Agague e não dizimando todas as ovelhas e os bois do inimigo. Sua justificativa? O povo salvou "o melhor" e destruiu o que era desprezível. Mas quando Deus diz: "Destrua!", não existe "o melhor"! Essa justificativa custou o reino a Saul. Ele tornou-se paranoico com todas as pessoas que prestavam ajuda a Davi e matou todas as famílias sacerdotais em Nobe porque o sumo sacerdote dera pães do santuário aos homens de Davi (1 SAMUEL 21-22). Saul estava agindo como Satanás: era mentiroso e assassino (JOÃO 8:44).
Ele se escondeu para não enfrentar a realidade (1 SAMUEL 28; 31). Saul não estava recebendo nenhuma mensagem do Senhor, o que não deveria ser surpresa para ele. "Se eu acalentasse o pecado no coração, o Senhor não me ouviria" (SALMO 66:18 NVI). O verbo acalentar significa que sabemos que o pecado está presente, que o aprovamos e não planejamos tomar nenhuma atitude em relação a ele. Saul vestiu outras roupas para disfarçar-se e foi consultar uma feiticeira, de quem recebeu ordens do diabo. No entanto, Saul não estava se disfarçando. Estava revelando seu verdadeiro "eu", porque fora um farsante durante a maior parte de seu reinado. Samuel disse-lhe que o dia seguinte seria o último da vida de Saul, porque ele e seus filhos morreriam na batalha (1 SAMUEL 28:19; 31:1-6). Saul foi farsante até o fim e conduziu o exército mesmo sabendo que Israel perderia a batalha e ele morreria.

Deus nunca pretendeu que Saul estabelecesse uma dinastia, porque o rei de Israel teria de vir da tribo de Judá (GÊNESIS 49:10), e Davi já havia sido ungido rei. A queda trágica de Saul traz-me à memória as palavras de nosso Senhor em Apocalipse 3:11: "Venho sem demora. Conserva o que tens, para que ninguém tome a tua coroa". A carreira de Saul começa com um gigante em estatura (1 SAMUEL 10:23,24), mas termina com um homem morto, caído ao chão. Assim como Sansão, Ló, Judas e Demas, sua vida não acabou bem.

"Aquele, pois, que pensa estar em pé veja que não caia" (1 CORÍNTIOS 10:12).

## 15

> *Então, disse Davi a Gade: Estou em grande angústia; porém caiamos nas mãos do Senhor, porque* **muitas são as suas misericórdias**; *mas, nas mãos dos homens, não caia eu* (2 SAMUEL 24:14).

Dois pecados. Pergunte a uns dez leitores da Bíblia qual foi o maior pecado de Davi, e a maioria responderá: "Seu adultério com Bate-Seba". Aquele foi, sem dúvida, um grande pecado, um pecado repentino e passional da carne que causou cinco mortes: Urias, o marido de Bate-Seba morreu, o bebê morreu e os outros três filhos de Davi morreram. Mas quando Davi fez o recenseamento do povo, esse foi um pecado deliberado de orgulho, que levou 70 mil pessoas à morte! Quando confessou seu adultério, Davi disse: "Pequei contra o Senhor" (2 SAMUEL 12:13), porém disse: "Muito pequei no que fiz" (v.10) quando confessou seu pecado a respeito do recenseamento. Há pecados da carne e pecados do espírito (2 CORÍNTIOS 7:1) e temos a tendência de dar ênfase ao primeiro e minimizar o segundo. Mas os pecados do espírito podem também trazer consequências terríveis. Jesus equiparou a raiva com assassinato e luxúria com adultério (MATEUS 5:21-30). Mostrou compaixão com publicanos e pecadores, mas chamou os escribas e os fariseus orgulhosos de "filhos do diabo".

*Duas consequências.* Deus, em sua soberania, permitiu que o pecado de Davi resultasse em dor, sofrimento e morte, e isso fez Davi sofrer muito. Mas Deus, em Sua graça e misericórdia, perdoou os pecados de Davi e extraiu o bem de uma grande tragédia. Salomão nasceu de Bate-Seba e foi o sucessor de Davi. E Salomão construiu o Templo na propriedade que Davi havia adquirido e sobre a qual construíra um altar para oferecer sacrifícios a Deus. Somente um Deus misericordioso é capaz de pegar dois pecados abomináveis e construir um Templo com eles! Deus é grande em misericórdia (1 PEDRO 1:3) e rico em misericórdia (EFÉSIOS 2:4), e é muito mais fácil cair em Suas mãos do que nas mãos dos homens. No Salmo 25:6, Davi disse que as misericórdias de Deus "são desde a eternidade".

*Dois tronos.* Deus, em Sua misericórdia, não nos dá o que *realmente* merecemos e, em Sua graça, dá-nos o que *não* merecemos — perdão! Podemos achegar-nos junto ao trono da *graça* e receber *misericórdia* (HEBREUS 4:16). Mas não significa que somos livres para pecar à vontade só porque Deus é misericordioso e compassivo (ROMANOS 6:1,2)! Simplesmente significa que nosso Pai tomou as providências para que confessássemos nossos pecados e fôssemos perdoados. Essa é a graça de Deus —, mas não se esqueça da soberania de Deus. O perdão não é coisa barata; custou a vida de Jesus. Davi em seu trono teve liberdade para desobedecer a Deus e fazer o recenseamento do povo, mas não teve liberdade para mudar as consequências de suas ações.

*Duas garantias.* Primeira: a misericórdia de Deus nunca falha. Satanás é o acusador (APOCALIPSE 12:10) e quer aborrecer-nos ao nos lembrar de nossos pecados. Não podemos duvidar de forma alguma das promessas de Deus, por mais que soframos quando Deus nos disciplina. Pode haver consequências dolorosas para nossos pecados, mas esses sofrimentos não significam que não fomos perdoados. A promessa de Deus em 1 João 1:9 é verdadeira e devemos reivindicá-la pela fé. Segunda garantia: o profeta Miqueias escreveu a prescrição perfeita para o coração perturbado pelas lembranças do pecado:

"Quem, ó Deus, é semelhante a ti, que perdoas a iniquidade e te esqueces da transgressão do restante da tua herança? O SENHOR não retém a sua ira para sempre, porque tem prazer na misericórdia. Tornará a ter compaixão de nós; pisará aos pés as nossas iniquidades e lançará todos os nossos pecados nas profundezas do mar" (7:18,19).

"E o Senhor coloca uma tabuleta no alto com estas palavras: É PROIBIDO PESCAR", conforme Corrie ten Boom dizia.

# 16

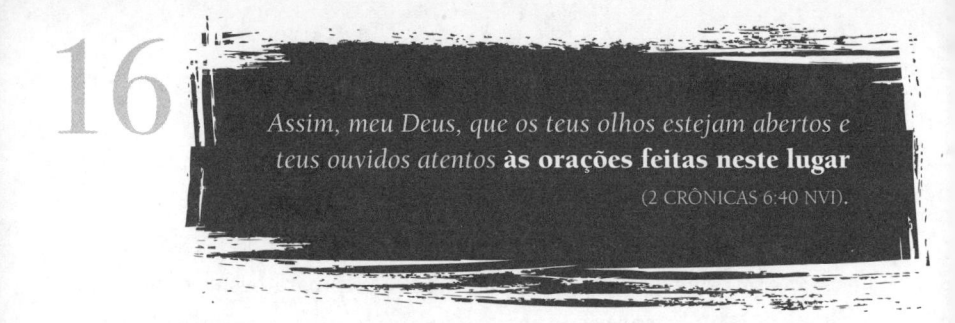

> Assim, meu Deus, que os teus olhos estejam abertos e teus ouvidos atentos **às orações feitas neste lugar**
> (2 CRÔNICAS 6:40 NVI).

**"N**este lugar" refere-se ao Templo em Jerusalém que o rei Salomão estava consagrando naquele dia. O Templo devia ser uma "Casa de Oração para todos os povos" (ISAÍAS 56:7; MARCOS 11:17), e a oração de Salomão deixou um bom exemplo para o povo seguir. Ele ressaltou a oração *no* Templo quando o povo estivesse em Jerusalém (2 CRÔNICAS 6:24,32,40) e *pelo* Templo quando o povo estivesse longe de casa (vv.20,21,26,34,38). Davi orou pelo Templo quando necessitou da ajuda do Senhor (SALMOS 28:2; 138:2). O profeta Jonas fez o mesmo quando estava no ventre do grande peixe (JONAS 2:4). O profeta Daniel abria as janelas na direção de Jerusalém quando orava (DANIEL 6:10) o rei Josafá orou no campo de batalha (2 CRÔNICAS 18:31,32). Se essa regra geográfica se aplicasse aos crentes de hoje, eu teria sérios problemas, pois tenho pouco senso de direção! Mas tudo o que Senhor pede de Seus filhos é que elevem o coração aos céus e digam com fé: "Pai!".

Quando oramos de acordo com a vontade de Deus, participamos de um milagre, porque a oração transcende o tempo e o espaço. *Não temos de nos preocupar com geografia.* Davi orou em uma caverna (SALMOS 57; 142), Paulo e Silas oraram na prisão (ATOS 16:25), o rei Ezequias orou em seu leito quando estava doente (ISAÍAS 38), Pedro clamou a Jesus quando começou a afundar no mar da Galileia (MATEUS 14:29-33) e Jesus orou enquanto estava sendo pregado na cruz (LUCAS 23:34). Quando se trata de oração, os cristãos não necessitam de equipamento, programação ou ambiente especiais. Se assim fosse, Paulo não teria escrito: "Orai sem cessar" (1 TESSALONICENSES 5:17) ou que devemos orar "em todo tempo" (EFÉSIOS 6:18) e Jesus jamais teria dito que devemos "orar sempre e nunca esmorecer" (LUCAS 18:1).

A oração não é limitada pelo tempo, porque estamos conectados ao Deus eterno que conhece o fim desde o princípio. O rei Salomão orou por situações futuras, confrontando o povo que ainda haveria de nascer; e em sua oração registrada em João 17, Jesus intercedeu pelos crentes que viveriam muitos séculos depois. *Orou até pela igreja de hoje, por você e por mim* (vv.20-26). Quando se aproximar do trono da graça, esqueça os calendários, os relógios e os mapas e, pela fé, toque a vida e as circunstâncias das pessoas em todos os lugares do planeta Terra. Não precisamos "ir à igreja" para orar. Orei em uma ambulância que me levava às pressas para o hospital depois que um motorista embriagado, dirigindo em alta velocidade, destruiu meu carro e quase me matou. Orei em um avião que estava derramando combustível no Oceano Atlântico, para evitar explosão. Orei em quartos de hospital com pessoas cujos entes queridos corriam risco de morrer. Orei durante minha pregação ao sentir que o inimigo estava agindo. Afirmando as palavras de Romanos 8:28, agradeci quando tudo parecia estar desmoronando.

Se pararmos de pensar na oração como um milagre, nossa vida de oração começará a vacilar e, em seguida, cessará. Acabaremos orando de modo tão tímido que passamos a conversar conosco em vez de conversar com o Senhor. Ao pregar para sua congregação em Londres em uma manhã de domingo, 1.º de outubro de 1882, Charles Haddon Spurgeon disse: "No entanto, irmãos, quer gostemos quer não, lembrem-se: *pedir é a regra do reino*... É uma regra que nunca será alterada em nenhum caso". Isso nos lembra de Tiago 4:2: "Nada tendes, porque não pedis".

"Algumas pessoas pensam que Deus não gosta de ser perturbado com nossa aproximação e pedidos constantes", D. L. Moody disse: "A única forma de perturbar Deus é não nos aproximarmos dele".

Você está se aproximando dele e pedindo?

"Por isso, vos digo: Pedi, e dar-se-vos-á; buscai e acharei; batei, e abrir-se-vos-á" (LUCAS 11:9).

# 17

> Então [...] **começaram a construir o altar** *do Deus de Israel, para nele sacrificarem holocaustos, conforme o que está escrito na Lei de Moisés, homem de Deus* (ESDRAS 3:2 NVI).

Em 538 a.C., cerca de 50 mil exilados judeus partiram da Babilônia e voltaram para Jerusalém a fim de reconstruir o Templo e restaurar a cidade. Não tiveram nenhuma facilidade, porque a cidade estava em ruínas e os inimigos de Israel não queriam que Jerusalém fosse restaurada. Os judeus, porém, eram um povo unido (ESDRAS 3:1,9) e o Senhor estava com eles. Suas prioridades eram corretas porque, sem esperar que o Templo estivesse pronto, eles reconstruíram o altar e começaram a oferecer os holocaustos diários, conforme o número ordenado. Aquela era uma nova geração realizando um novo começo como nação, mas obedeciam às instruções da antiga lei de Moisés. Não inventaram nada novo; simplesmente obedeciam à Palavra de Deus. Alguns crentes de hoje precisam seguir o exemplo daquele povo.

*Temos um altar.* Ele não está na parte frontal de um santuário na Terra, mas entronizado no céu, porque o Filho de Deus exaltado e que subiu ao céu é nosso altar (HEBREUS 13:10). É por meio dele que oferecemos nossos sacrifícios espirituais a Deus (1 PEDRO 2:5). Tenho ouvido pregadores dizerem: "Venham ao altar e conheçam o Senhor", porém, estritamente falando, não existem altares na Terra. Jesus entrou no Santo dos Santos através do véu celestial e lá intercede por nós (HEBREUS 6:20). Durante a economia do Antigo Testamento, Deus encontrava-se com Seu povo no altar de bronze à porta do tabernáculo (ÊXODO 29:42,43), mas hoje encontramo-nos com o Pai por meio do Filho (JOÃO 14:6) e no Espírito (EFÉSIOS 2:18). De acordo com Hebreus 4:14-16, podemos achegar-nos "confiadamente" ao trono da graça, apresentar nossas ofertas de adoração e tornar conhecidas as nossas necessidades.

*Temos ofertas para trazer.* Cada crente em Jesus Cristo é um sacerdote (1 PEDRO 2:5,9; APOCALIPSE 1:6) e tem o privilégio de servir e adorar a Deus e oferecer-lhe "sacrifícios espirituais". A palavra "espiritual" não significa imaterial, mas "de uma qualidade espiritual que Deus possa aceitar". No início de cada dia, preciso apresentar meu corpo a Deus como sacrifício vivo (ROMANOS 12:1,2) e separar um tempo para oferecer-lhe oração (SALMO 141:1-3) e louvor (HEBREUS 13:15). Durante o dia, preciso fazer boas obras que o honrem (v.16) e preciso usar meus recursos materiais para ajudar outras pessoas e glorificar a Deus (FILIPENSES 4:14-18; ROMANOS 15:27). Quando a igreja local se reúne, ela se torna um "reino de sacerdotes" apresentando sacrifícios espirituais ao Senhor, e nosso desejo é agradar a Ele e honrá-lo.

*Devemos oferecer o melhor a Deus.* Leia Malaquias 1, onde Deus reprova os sacerdotes por levarem "sacrifícios baratos" ao altar. As palavras de Davi quando comprou a propriedade de Orná me vêm à mente: "...pelo seu inteiro valor a quero comprar; porque não tomarei o que é teu para o SENHOR, nem oferecerei holocausto que não me custe nada" (1 CRÔNICAS 21:24). Aquilo que oferecemos e como oferecemos revelam o quanto valorizamos nosso Senhor e apreciamos Suas misericórdias. A palavra *adoração* significa "amar ao extremo", e aquilo que incluímos em nossa adoração mostra o quanto valorizamos o Senhor.

Seja qual for o projeto que você está elaborando, tenha certeza de construir o altar antes. Entregue-se ao Senhor, bem como tudo o que você possui e planeja fazer. Ofereça o melhor a Ele. Não lhe ofereça aquilo que não lhe custa nada, porque a adoração e o culto que não têm custo algum nada realizam.

> "Quando trazeis animal cego para o sacrificardes,
> não é isso mal? E, quando trazeis o coxo ou o enfermo,
> não é isso mal? [...] com tais ofertas nas vossas mãos,
> aceitará ele a vossa pessoa? — diz o SENHOR dos Exércitos"
> (MALAQUIAS 1:8,9).

# 18

> Quando os inimigos de Judá [...] souberam que os exilados estavam reconstruindo o templo do SENHOR [...] foram falar com Zorobabel e com os chefes das famílias: "**Vamos ajudá-los nessa obra...**" (ESDRAS 4:1,2).

**U**m propósito a ser alcançado. Foi o Senhor quem abriu o caminho para o remanescente judeu retornar para sua terra depois do cativeiro na Babilônia (2 CRÔNICAS 36:22,23). O plano de salvação de Deus para o mundo exigia que a nação judaica fosse restaurada, que a capital judaica fosse repovoada e que o Templo judaico fosse reconstruído. Deus fez uma aliança com Israel e com nenhuma outra nação, e Ele manterá aquela aliança (GÊNESIS 12:1-3; 13:14-17; 17; 22:15-19). Na época certa, o Filho de Deus nasceria em Belém, cresceria em Nazaré, ministraria por toda a Terra Santa e finalmente seria crucificado fora de Jerusalém e colocado em um sepulcro. Ressuscitaria dentre os mortos, apareceria a Seus seguidores e voltaria ao céu para subir ao trono com o Pai. "E nós temos visto e testemunhamos que o Pai enviou o Seu Filho como Salvador do mundo" (1 JOÃO 4:14).

Um perigo a ser evitado. Por ser a nação da aliança escolhida por Deus, Israel é o alvo de todos os que rejeitam a Palavra de Deus e o Filho de Deus. "Que mais poderá distinguir", disse Moisés ao Senhor, "a mim e a teu povo de todos os demais povos da face da terra?" (ÊXODO 33:16 NVI). Israel "é povo que habita só e não será reputado entre as nações" (NÚMEROS 23:9). Foi o Senhor quem separou Israel das outras nações (LEVÍTICO 20:26) e advertiu-os a não transigir, imitando aquelas nações. Se os construtores judeus tivessem aceitado a ajuda daquelas nações pagãs, teriam trabalhado com seus inimigos, e o Senhor não os teria abençoado. Infelizmente, os judeus entraram em acordo com seus inimigos pagãos e casaram-se com mulheres estrangeiras (ESDRAS 10:2). O mesmo princípio aplica-se à igreja de hoje. "Não vos ponhais em jugo desigual com os incrédulos", Paulo advertiu, e prosseguiu explicando o motivo (2 CORÍNTIOS 6:14–7:1). O povo de Deus precisa ser separado, mas não isolado (EFÉSIOS 5:8-14).

*Uma promessa a ser afirmada.* A promessa imutável de Deus a Israel por meio de Abraão diz: "De ti farei uma grande nação, e te abençoarei..." (GÊNESIS 12:2). Sempre que a nação de Israel desobedecia a Deus e adorava os deuses das nações vizinhas, o povo sofria seca, fome, pragas e escravidão. Sempre que Israel obedecia aos termos da aliança, a nação era abençoada em suas famílias, campos, ovelhas e gados e desfrutava paz na terra. Deus os abençoava e eles eram bênção aos outros.

A história do remanescente que retornou à terra não é uma história feliz, porque muitos homens se casaram com mulheres estrangeiras, e isso incluiu alguns sacerdotes (ESDRAS 9–10). Era importante que o povo judeu mantivesse a árvore genealógica pura, porque o Messias prometido nasceria de uma virgem judia (ISAÍAS 7:14).

Jesus disse: "[Eu] edificarei a minha igreja" (MATEUS 16:18), e Ele necessita de pessoas separadas, cheias do Espírito para trabalhar a Seu lado. Os cristãos que fazem acordo com o mundo estão trabalhando contra Deus, não com Ele. "Por isso, retirai-vos do meio deles, separai--vos, diz o Senhor; não toqueis em coisas impuras; e eu vos receberei" (2 CORÍNTIOS 6:17). Separação não é isolamento, porque os crentes estão neste mundo como sal e luz, vencendo a corrupção e as trevas (MATEUS 5:13-16). Esse é o tipo de pessoa que o Senhor pode usar para edificar Sua igreja.

"Tendo, pois, ó amados, tais promessas, purifiquemo-nos de toda impureza, tanto da carne como do espírito, aperfeiçoando a nossa santidade no temor de Deus" (2 CORÍNTIOS 7:1).

# 19

> No lugar em que ouvirdes o som da trombeta, para ali acorrei a ter conosco; o **nosso Deus pelejará por nós**
> (NEEMIAS 4:20).

Sempre que realizamos a obra de Deus com fidelidade, os inimigos do Senhor certamente nos desafiam e nos atacam. Alguns cristãos se aborrecem com as imagens simbólicas e belicosas da Bíblia, porém elas estão lá e não podemos desprezá-las. O povo judeu enfrentou muitas batalhas ao longo de sua história, e a igreja tem tido sua quota de conflitos. Na primeira vez que encontramos a palavra igreja no Novo Testamento, ela está ligada com edificação e batalha (MATEUS 16:18); e o apóstolo Paulo não evitou usar metáforas militares em suas cartas (EFÉSIOS 6:10-20; 2 TIMÓTEO 2:1-4; 1 CORÍNTIOS 15:57; 2 CORÍNTIOS 2:12-17; 10:4-6). Quando estivermos combatendo os inimigos de Deus, Ele estará lutando por nós.

*O caráter de Deus exige isso.* "O Senhor é homem de guerra...", as mulheres cantaram depois que Israel atravessou o mar Vermelho (ÊXODO 15:3); e quando os amalequitas atacaram Israel, as orações de Moisés e o exército de Josué os derrotaram (17:8-16). Moisés comemorou esse acontecimento, em forma de memorial, erigindo um altar ao qual deu o nome de: O Senhor é minha bandeira, que era , com certeza, um título militar. Entre as últimas palavras de Moisés, ele descreve o Senhor como "escudo que te socorre, espada que te dá alteza" (DEUTERONÔMIO 33:29). "O Senhor sairá como valente...", Isaías escreveu (42:13) e Jeremias escreveu: "...o Senhor está comigo, como um poderoso guerreiro..." (20:11). O nosso Deus é um Deus santo, e retidão e justiça são evidências de Sua natureza santa. Quando o povo de Deus está lutando contra as hostes do mal, o Senhor luta com ele.

*A aliança de Deus declara isso.* Essa aliança com Israel encontra-se em Levítico 26–27 e Deuteronômio 28–30. Deus prometeu que quando o povo chegasse a Canaã: "Perseguireis os vossos inimigos, e cairão à espada diante de vós. Cinco de vós perseguirão a cem, e cem dentre vós perseguirão a dez mil..." (LEVÍTICO 26:7,8). "O SENHOR fará que sejam derrotados na tua presença os inimigos que se levantarem contra ti; por um caminho, sairão contra ti, mas, por sete caminhos, fugirão da tua presença" (DEUTERONÔMIO 28:7). A nova aliança que Jesus fez em Seu sangue com a Igreja não inclui promessas referentes a terra, riqueza e conquista, mas os princípios são os mesmos, espiritualmente falando. Jesus prometeu que "as portas do inferno não prevalecerão" contra sua igreja (MATEUS 16:18). "Graças a Deus, que nos dá a vitória por intermédio de nosso Senhor Jesus Cristo" (1 CORÍNTIOS 15:57). "[E] esta é a vitória que vence o mundo: a nossa fé" (1 JOÃO 5:4). Os soldados cristãos usam os calçados da paz (EFÉSIOS 6:15) e, quando compartilhamos o evangelho, lutamos pela paz não pela guerra, e é por isso que Satanás se opõe a nós. "Em todas estas coisas, porém, somos mais que vencedores, por meio daquele que nos amou" (ROMANOS 8:37).

Os filhos de Deus precisam depender disso. Nesta guerra espiritual, precisamos fazer a nossa parte crendo nas promessas do Senhor, sendo equipados com a armadura de Deus e cheios do Espírito de Deus. Significa passar tempo meditando na Palavra todos os dias, submeter-se ao Espírito, colocar a armadura da fé e assumir posição ao lado de Cristo. Os soldados cristãos de mente dividida tornam-se vítimas, não vitoriosos. Conforme diz um hino antigo: "Erguei-vos, erguei-vos por Jesus!". O ato de testemunhar a respeito de Jesus anda de mãos dadas com a batalha espiritual, e a batalha dá-nos as melhores oportunidades de falar do evangelho.

Quando a batalha chegar, lembre-se do que Neemias disse: "Deus pelejará por nós". Você não está lutando sozinho. Mas Deus não luta em nosso lugar, porque temos que cumprir nossa parte.

"Combate o bom combate da fé..." (1 TIMÓTEO 6:12).

# 20

> *Partimos do rio Aava, no dia doze do primeiro mês, a fim de irmos para Jerusalém; e a **boa mão do nosso Deus** estava sobre nós e livrou-nos das mãos dos inimigos e dos que nos armavam ciladas pelo caminho* (ESDRAS 8:31).

"Se você puder explicar o que se passa em sua vida e ministério, então eles não são resultado da ação de Deus; portanto, pense sempre que sua vida é um milagre." O Dr. Bob Cook, ex-presidente da Mocidade para Cristo, disse essas palavras em uma palestra numa conferência há muitos anos e nunca me esqueci delas. Sem a mão de Deus sobre Seu povo, jamais experimentaríamos o poder de Deus e jamais faríamos progresso em nossa caminhada e serviço cristãos. O livro da Bíblia que mais ilustra essa verdade é o livro de Esdras. "A mão do Senhor" estava trabalhando por Seu povo de forma extraordinária.

*A mão de Deus dirige-nos*. "Como ribeiros de águas assim é o coração do rei na mão do Senhor; este, segundo o seu querer, o inclina" (PROVÉRBIOS 21:1). O profeta Jeremias havia predito que os judeus ficariam exilados na Babilônia durante setenta anos e depois receberiam permissão para retornar à sua terra (25:1-14; 29:10,11). O profeta Daniel, exilado, entendeu esse fato. Reivindicou a promessa de Deus e dedicou-se à oração (DANIEL 9). O Senhor tocou o coração do rei Ciro e ele libertou os exilados (ESDRAS 1:1-4). A liberdade chegou, não por pressão política, passeatas ou suborno, mas porque o povo de Deus creu em Suas promessas e orou.

O coração do rei foi tocado pela mão do Senhor da mesma forma que o coração dos judeus exilados que decidiram voltar para sua terra (ESDRAS 1:5). Cerca de 50 mil deles partiram da Babilônia e fizeram a longa jornada até Jerusalém. Durante os anos de exílio, muitas famílias se sentiram confortáveis e preferiram permanecer na Babilônia, mas o remanescente dedicado deu um passo de fé para retornar à sua terra e reconstruir o Templo. Os judeus que permaneceram ofertaram generosamente sua riqueza, e o rei Ciro devolveu aos sacerdotes os utensílios e objetos que necessitariam para ministrar no Templo (vv.5-8). Somente Deus poderia receber a glória desses eventos extraordinários. E nós experimentaríamos mais esses eventos hoje se nos consagrássemos à Palavra e à oração (ATOS 6:4).

*A mão do Senhor protege-nos*. Nestes dias de comunicação e transporte rápidos, não nos preocupamos em fazer longas jornadas; mas nos tempos antigos, o quadro não era tão brilhante. As viagens eram perigosas, porque havia bandos de ladrões observando as estradas para encontrar caravanas. As viagens também eram desconfortáveis e cansativas, mas a mão do Senhor protegeu Seu povo. Quando o povo chegou a Jerusalém, viu-se cercado de inimigos que não queriam que Jerusalém fosse reconstruída, e o Senhor deu aos judeus a visão e a coragem para não fazer concessões. Satanás inicia seu ataque em forma de uma serpente que engana (ESDRAS 4:1-5) e, se essa tática falhar, ele se apresenta como um leão que devora. Mas a mão de Deus é poderosa e dá-nos a vitória.

*A mão de Deus corrige-nos*. Esdras 9–10 e Neemias 9–13 narram a triste história dos homens judeus que desobedeceram à lei de Deus e casaram com mulheres pagãs. Se os líderes tivessem permitido que essa concessão continuasse, ela teria contaminado a "descendência consagrada" da nação (MALAQUIAS 2:13-16 NVI). Os líderes tiveram de exercer disciplina, porque "o Senhor corrige a quem ama" (HEBREUS 12:5,6). Se obedecermos ao Senhor, Sua mão derramará bênçãos; mas se rebelarmos, Sua mão pesará sobre nós (SALMO 32:4). Que a boa mão do Senhor esteja sempre sobre nós enquanto o buscamos e o servimos!

"A destra do SENHOR se eleva, a destra do SENHOR faz proezas" (SALMO 118:16).

# 21

**Acabou-se, pois, o muro** *aos vinte e cinco dias do mês de elul, em cinquenta e dois dias* (NEEMIAS 6:15).

Começar um projeto é uma coisa e terminá-lo com sucesso é outra bem diferente. Neemias e seus companheiros de trabalho terminaram a obra com sucesso, e Jerusalém foi protegida por portas e muros fortes. O inimigo rira dos judeus, dizendo que a obra não seria concluída, mas ela *foi* concluída — e bem concluída. Uma das coisas importantes a respeito desse projeto é o equilíbrio que ele demonstra, o tipo de equilíbrio necessário para toda obra que realizamos para o Senhor.

*Liderar e seguir.* Tudo começou quando o coração de Neemias se condoeu depois de ouvir a notícia levada por seu irmão de que Jerusalém estava em situação vexatória e era objeto de zombaria pelos vizinhos gentios (NEEMIAS 1). Neemias chorou, orou e pediu a Deus que o ajudasse a tomar uma providência, e Deus respondeu à sua oração. Com a permissão do rei, ele deixou o conforto do palácio, viajou para Jerusalém, analisou a situação e compartilhou suas preocupações com os anciãos de seu povo. A palavra *maioral* (ou *governador*) é mencionada várias vezes no capítulo 3, indicando que a cidade era organizada. E, posteriormente, Neemias organizou as equipes de trabalho. Um grande projeto deve ser acompanhado de supervisão cuidadosa se quisermos evitar a zombaria. O capítulo 3 revela que nem todos se apresentaram voluntariamente para trabalhar (v.5) e que a força-tarefa incluiu sacerdotes (v.1), artesãos habilidosos (vv.8,32), mulheres (v.12) e até pessoas de fora de Jerusalém (vv.2,5,7). Algumas trabalharam mais do que as outras (vv.11,19,21,24,27,30).

*Construir e batalhar* (NEEMIAS 4:18). Na vida cristã, as palavras *construir* e *batalhar* andam juntas (LUCAS 14:25-33); porque, se não estivermos armados, como poderemos defender o que construímos? Nosso equipamento de guerra está descrito em Efésios 6:10-20, e o vestimos pela fé todos os dias. Espiritualmente falando, nossas ferramentas são a Palavra de Deus e a oração. Precisamos estar sempre vigilantes para não perder o que ganhamos (2 JOÃO 8) ou para que não fiquemos tão envolvidos na batalha a ponto de nos esquecer de construir! Os guerreiros e os obreiros de Deus precisam ser equilibrados.

*Vigiar e orar* (NEEMIAS 4:9). Trabalhar, vigiar (permanecer alerta), orar e batalhar deveriam ser um desafio para todas as pessoas! A expressão "vigiai e orai" encontra-se em Marcos 13:33 e 14:38, Efésios 6:18 e Colossenses 4:2-4. Vale a pena meditar nesses textos. Há tantas distrações no mundo de hoje que está se tornando cada vez mais difícil focar em permanecer alerta e realizar ativamente nosso trabalho. Estar alerta significa estar acordado. Pedro, Tiago e João dormiram no monte da Transfiguração (LUCAS 9:32) e no jardim do Getsêmani (LUCAS 22:45). Os santos dorminhocos são vítimas, não vitoriosos!

*Crer e servir* (TIAGO 2:14-26). Não basta orar por nosso ministério; precisamos ministrar. "Porque, assim como o corpo sem espírito é morto, assim também a fé sem obras é morta" (v.26). Neemias e seus trabalhadores ilustram lindamente o equilíbrio do qual necessitamos se quisermos ser servos eficientes do Senhor. Se nossa fé for genuína, ela nos motivará a realizar a obra que Deus nos equipou para realizar. Neemias acreditou que Deus queria que os muros fossem reconstruídos e os portões reparados e recolocados, e que ele seria o líder do projeto. O chamado de Deus é um chamado que nos capacita, e nossa responsabilidade é "confiar e obedecer".

Um amigo meu, que hoje se encontra na glória, costumava dizer: "Bem-aventurados os equilibrados". Recomendo essa bem-aventurança a você.

"Recordando-nos, diante do nosso Deus e Pai,
da operosidade da vossa fé, da abnegação do vosso
amor e da firmeza da vossa esperança em nosso
Senhor Jesus Cristo" (1 TESSALONICENSES 1:3).

# 22

> *Em tudo o que nos aconteceu* **foste justo; agiste com lealdade** *mesmo quando fomos infiéis* (NEEMIAS 9:33 NVI).

Esse salmo foi cantado pelos judeus na Festa dos Tabernáculos depois que os muros de Jerusalém foram reerguidos. O povo confessou seus pecados e se reconsagrou ao Senhor. O salmo magnifica muitos atributos de Deus, mas queremos destacar Sua fidelidade.

*Temos um Criador fiel* (1 PEDRO 4:19). Pedro escreveu essa carta para preparar os crentes do Império Romano para a perseguição, o "fogo ardente" que em breve surgiria (vv.12-19). Como nunca antes, eles tiveram de se consagrar ao Senhor que é o "fiel Criador". Se Ele pôde criar e sustentar um Universo como o nosso, certamente pode cuidar de Seu povo e suprir suas necessidades. Quando as circunstâncias o aborrecerem, recorra ao seu fiel Criador e entregue tudo a Seus cuidados.

*Temos um Sumo Sacerdote fiel* (HEBREUS 2:17,18). Jesus ministra hoje no céu como Rei e Sacerdote, e Ele é capaz de conceder-nos a graça de que necessitamos sempre que formos tentados ou postos à prova (4:14-16). O filho de Deus nunca deve dizer: "Ninguém sabe como eu me sinto!", porque Jesus compreende-nos perfeitamente, conhece nossas necessidades e solidariza-se conosco. Quando esteve aqui na terra, Ele sofreu todos os tipos de provas e tentações que enfrentamos hoje, e só Ele pode dar-nos a graça de que necessitamos para vencer nossos inimigos.

*Temos um Advogado fiel* (1 JOÃO 1:9–2:1). Mas e se não recorrermos a Deus em busca da graça de que necessitamos? E se dermos ouvidos ao inimigo e desobedecermos ao Senhor? Satanás nos acusará e nos dirá que fracassamos, e isso só servirá para piorar a situação. Mas Jesus não nos abandona! Ele morreu por todos os nossos pecados e é nosso advogado diante do trono de Deus. Quando confessamos nossos pecados, Ele é fiel para cumprir Suas promessas e nos perdoar. Ele já morreu por todos os nossos pecados, e o Pai perdoa graciosamente quando Seus filhos confessam seus pecados. Leia Zacarias 3, onde encontrará uma ilustração dessa experiência — e creia.

Temos uma Testemunha fiel (APOCALIPSE 1:5; 3:14). Quando ministrou na terra, Jesus expôs claramente a Palavra de Deus, e Suas palavras estão registradas nas Escrituras. "[Ele] testifica o que tem visto e ouvido", disse João Batista. "Pois o enviado de Deus fala as palavras dele, porque Deus não dá o Espírito por medida" (JOÃO 3:32,34; VEJA JOÃO 18:37).

O Espírito de Deus capacita-nos a entender e a aplicar a Palavra à nossa vida, e é assim que crescemos "na graça e no conhecimento de nosso Senhor e Salvador Jesus Cristo" (2 PEDRO 3:18).

Temos um Vencedor fiel (APOCALIPSE 19:11). Sim, Jesus é o Príncipe da Paz, mas Ele é também o Vencedor que derrotará todos os inimigos e estabelecerá Seu reino (2 TESSALONICENSES 1:7-10). Os crentes de hoje são "mais que vencedores, por meio daquele que nos amou" (ROMANOS 8:37). Um dia, o Cordeiro virá em Sua ira como o Leão, ostentando o nome de "REI DOS REIS E SENHOR DOS SENHORES" (APOCALIPSE 19:16). Que Ele vença as batalhas por nós hoje!

O Senhor é fiel, portanto devemos confiar nele, não em nós mesmos. Não somos vitoriosos porque temos fé em nossa fé, mas porque temos fé em Cristo que sempre nos trata com fidelidade. Como fortalecer nossa fé? J. Hudson Taylor, o missionário pioneiro na China escreveu: "Não por lutar pela fé, mas por descansar naquele que é fiel", referindo-se a 2 Timóteo 2:13: "Se somos infiéis, ele permanece fiel". Descanse naquele que é fiel!

"As misericórdias do SENHOR [...] não têm fim; renovam-se cada manhã. Grande é a tua fidelidade" (LAMENTAÇÕES 3:22,23).

# 23

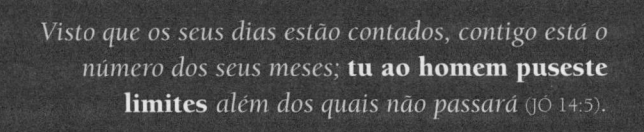

> *Visto que os seus dias estão contados, contigo está o número dos seus meses;* **tu ao homem puseste limites** *além dos quais não passará* (JÓ 14:5).

Ser humano é aceitar as limitações que Deus, em sua sabedoria, impôs a nós e ao mundo no qual nos colocou. Deus limitou os mares, limitou Satanás (1:12; 2:6) e traça os limites das nações (ATOS 17:26). Deus impôs limites até a nossos primeiros pais naquilo que podiam fazer no paraíso e, por terem ultrapassado os limites, eles foram expulsos (GÊNESIS 3). Individualmente, você e eu somos limitados em nossas habilidades, oportunidades ou recursos e até na duração de nossa vida. Deus estabeleceu os limites. Nossos dias são contados e não podemos ultrapassar nosso último dia, embora possamos, tolamente, apressá-lo. Quanto ao que se refere à lei, todas as pessoas foram criadas iguais, porém quanto à vida, não somos iguais, porque a vida humana envolve limitações individuais.

No entanto, as limitações dão-nos liberdade. Tive condições de obter carta de habilitação para dirigir veículos e isso me dá liberdade para dirigir em ruas e rodovias públicas. Minha mulher e eu tivemos condições de tirar passaporte e isso nos deu liberdade para viajar pelo mundo e ministrar. A Bíblia dá-nos as condições que precisamos atender se quisermos receber respostas à oração e, se as obedecermos, Deus concederá aquilo que pedimos. Essa é uma das diferenças entre liberdade e licença. A liberdade verdadeira não faz o que eu sempre quero, mas o que Deus quer que eu faça, e minha obediência abre caminho para a bênção.

Precisamos dar um passo adiante: *a verdadeira liberdade encoraja a cooperação*. Como minhas habilidades e meus bens são limitados, há muitas coisas que não sei e não posso fazer, portanto, necessito da ajuda dos outros. Deus viu que a solidão de Adão não era boa, por isso lhe criou uma companheira para ajudar a compensar as limitações dele

(GÊNESIS 2:18-25). Casamento, família e amigos são dádivas do coração de Deus para ajudar-nos a viver neste mundo de limitações, porque todos nós podemos ajudar uns aos outros. A família, a comunidade e a igreja são semelhantes: pertencemos uns aos outros, influenciamos uns aos outros e necessitamos uns dos outros.

A vida inclui limitações, as limitações nos dão liberdade, a liberdade resulta em cooperação e *a cooperação nos torna sérios em relação à vida*. Quando nossa vida está ligada aos outros em amor, essas pessoas tornam-se especiais para nós e não queremos perdê-las. "Ensina-nos a contar os nossos dias, para que alcancemos coração sábio" (SALMO 90:12). Deus estabeleceu um limite para nossos dias, mas não sabemos qual é. Deus escreveu todos os nossos dias em Seu livro, mas não vimos as páginas (139:15,16).

A conclusão do assunto é esta: precisamos valorizar nossa vida e a vida dos outros, porque elas são limitadas. Precisamos saber que Deus estabeleceu nossos limites, principalmente a duração de nossa vida. Precisamos usar da melhor forma possível as horas e os dias que Deus nos concedeu, o que significa conhecer e fazer Sua vontade. Jesus disse: "É necessário que façamos as obras daquele que me enviou, enquanto é dia; a noite vem, quando ninguém pode trabalhar" (JOÃO 9:4). Nossas limitações não são obstáculos; são oportunidades. Deus estabeleceu limitações para que nos concentremos naquilo que Ele deseja que façamos. Um ditado antigo expressa essa ideia: "Não posso fazer tudo, mas posso fazer alguma coisa. Preciso fazer o que posso enquanto Deus me capacitar, e preciso ser fiel até que Ele me instrua a fazer o contrário".

"Portanto, vede prudentemente como andais,
não como néscios e sim como sábios, remindo o tempo,
porque os dias são maus" (EFÉSIOS 5:15,16).

## 24

> *Na verdade, falei do que não entendia;*
> **coisas maravilhosas demais para mim,**
> *coisas que eu não conhecia* (JÓ 42:3).

Há mais de dez mil palavras no livro de Jó, a maioria proferida por Deus, por Jó e pelos quatro amigos que o visitaram. Jó era um crente exemplar, mas Satanás argumentou que Jó obedecia a Deus somente porque Ele o abençoava. Deus permitiu que Satanás tirasse a riqueza, a saúde e os dez filhos de Jó e deixou-o sentado sobre um monte de cinza fora da cidade, tentando aliviar seu sofrimento e dor. Durante muitos dias, Jó e seus visitantes debateram o assunto, tentando explicar os caminhos de Deus; mas não chegaram a nenhuma conclusão válida. Há, no entanto, três "silêncios" no livro, que são reveladores e úteis para nós hoje.

*O silêncio da solidariedade* (JÓ 2:11-13). Os amigos de Jó viajaram longas distâncias para visitá-lo e, quando chegaram, ficaram extremamente angustiados ao vê-lo. A situação de Jó os fez chorar, rasgar as roupas, lançar pó ao ar sobre a cabeça. Depois, sentaram-se em silêncio durante uma semana inteira, "pois viam que a dor era muito grande" (2:13). Eles sabiam que a melhor maneira de identificar-se com o sofrimento do amigo era não dizer nada. Jó não tinha palavras para expressar seus sentimentos e eles não tinham palavras para consolá-lo. Há palavras que curam, mas há também silêncios que curam, e há silêncios que falam mais claro e melhor do que palavras.

*O silêncio da autoridade* (CAP.3-37). À medida que lemos as palavras dos quatro visitantes, perguntamo-nos por que o Senhor não exerceu Sua autoridade divina, não os interrompeu e não os orientou. Ao contrário, manteve-se em silêncio. Há 329 perguntas no livro de Jó, mas muitas sem respostas. Cada homem achava que estava no caminho certo, porém todos estavam confusos. As perguntas de Zofar em 11:7,8 deveriam tê-los sacudido: "Porventura, desvendarás os arcanos de Deus ou penetrarás até à perfeição do Todo-poderoso? Como as alturas dos céus é a sua sabedoria; que poderás fazer? Mais profunda é ela do que o abismo; que poderás saber?". Por mais que pensemos que conhecemos, Paulo deixa claro que "em parte, conhecemos" (1 CORÍNTIOS 13:9). Se não temos todas as partes, não conseguimos montar o quebra-cabeça, por mais dogmáticos que sejamos.

O silêncio do Senhor durante aquela discussão permitiu que os homens usassem palavras para obscurecer a verdade e ignorar a ação. Embora as discussões inteligentes façam parte da vida, as palavras não substituem as ações. O fato de que líderes e políticos façam bons discursos não quer dizer que eles estejam resolvendo os problemas com suas palavras. Às vezes pioram a situação! O romancista Joseph Conrad escreveu: "As palavras são as grandes inimigas da realidade". Pense nisso.

*O silêncio da descoberta* (JÓ 42:1-6). Jó ouviu o que Deus tinha a dizer e aprendeu mais a respeito de si mesmo do que esperava. Ele estava obscurecido "com palavras sem conhecimento" (38:2) e exigindo que Deus viesse até ele e lhe permitisse se defender. Assim que o Senhor apareceu, Jó ficou sem palavras e pôs a mão na boca (40:3-5). Quando Deus terminou o interrogatório, Jó confessou que havia proferido palavras que não entendia! Tão logo viu a Deus e a si mesmo, a única coisa que ele conseguiu fazer foi arrepender-se. O Senhor, então, refutou os visitantes e inocentou Jó. O rei Davi teve um despertamento semelhante (SALMO 131).

No mundo barulhento e tagarela de hoje, precisamos encontrar tempo para o ministério do silêncio se quisermos ouvir a voz tranquila e suave de Deus. Sim, precisamos cuidar com nossas palavras, mas precisamos também cuidar com nossos silêncios. Caso contrário, de que outro modo poderemos nos conhecer e conhecer ao Senhor?

"Eis que passava o SENHOR; e um grande e forte vento fendia os montes e despedaçava as penhas diante do SENHOR, porém o SENHOR não estava no vento; depois do vento, um terremoto, mas o SENHOR não estava no terremoto; depois do terremoto, um fogo, mas o SENHOR não estava no fogo; e, depois do fogo, um cicio tranquilo e suave" (1 REIS 19:11,12).

# 25

> *Guarda-me como a menina dos olhos; esconde-me*
> **à sombra das tuas asas** (SALMO 17:8).

Essas não são as asas da galinha protegendo seus pintinhos (MATEUS 23:37), mas as asas do querubim no Santo dos Santos do santuário (ÊXODO 25:10-22). Ninguém, a não ser o sumo sacerdote, podia entrar no Santo dos Santos e isso só uma vez por ano, no Dia da Expiação (LEVÍTICO 16). Ele aspergia o sangue do sacrifício no propiciatório, sob as asas dos dois querubins. Essa imagem retórica é mencionada oito vezes na Escritura. Ao ler o Salmo 17, observe que Davi diz o que Deus faz por aqueles que vivem sob suas asas: Ele salva, guarda e satisfaz.

*Ele salva* (SALMO 17:7). Precisamos ser salvos porque violamos a lei de Deus e merecemos ser julgados. O propiciatório com o querubim formava a cobertura da arca, e na arca estavam as tábuas da lei. Israel havia violado a lei, e nós também a violamos; e "é o sangue que fará expiação em virtude da vida" (LEVÍTICO 17:11). O sacerdote aspergia o sangue no propiciatório, e quando Deus olhou para baixo, não viu a lei violada. Viu apenas o sangue da expiação. Quando Jesus Cristo morreu na cruz, Seu sangue pagou o preço de nossa salvação. "[Nele] temos a redenção, pelo seu sangue, a remissão dos pecados, segundo a riqueza da sua graça" (EFÉSIOS 1:7). Rute de Moabe esteve fora das bênçãos da aliança de Israel até crer em Jeová, o Deus vivo e verdadeiro (RUTE 1:16,17). O resultado? "O SENHOR retribua o teu feito, e seja cumprida a tua recompensa do SENHOR, Deus de Israel, sob cujas asas vieste buscar refúgio" (2:12).

*Ele guarda* (SALMO 17:8). "Tem misericórdia de mim, ó Deus, tem misericórdia, pois em ti a minha alma se refugia; à sombra das tuas asas me abrigo, até que passem as calamidades" (57:1). A vida de Davi estava em perigo quando ele escreveu essas palavras, e ele estava escondido em uma caverna, mas sua fé estava somente em Deus. O Salmo 61 é uma oração semelhante, e Davi escreveu: "Assista eu no teu tabernáculo para sempre; no esconderijo das tuas asas, eu me abrigo" (v.4). O lugar mais seguro para o povo de Deus estar é no Santo dos Santos, à sombra do Senhor. "O que habita no esconderijo do Altíssimo [...] descansa à sombra do Onipotente" (SALMO 91:1). Esta é a versão do Antigo Testamento encontrada em João 15:4: "Permanecei em mim, e eu permanecerei em vós".

*Ele satisfaz* (SALMO 17:15). "Por isso, os filhos dos homens se acolhem à sombra das tuas asas. Fartam-se da abundância da tua casa, e na torrente das tuas delícias lhes dá de beber" (36:7,8). Porque tu me tens sido auxílio; à sombra das tuas asas, eu canto jubiloso" (63:7). Que vida! Satisfação jubilosa, abundância, plenitude e prazer; tudo vem do coração de Deus! "Farta-se a minha alma" (v.5).

No Antigo Testamento, a lei estabelecia limites (ÊXODO 21:12, 19-21) e advertia o povo a não chegar muito perto do solo sagrado, mas a graça de Deus derruba a parede (EFÉSIOS 2:14), rasga o véu (MATEUS 27:51) e convida-nos a chegar mais perto do Senhor. "Chegai-vos a Deus, e ele se chegará a vós outros" (TIAGO 4:8). "Tendo, pois, irmãos, intrepidez para entrar no Santo dos Santos, pelo sangue de Jesus... e tendo grande sacerdote sobre a casa de Deus, aproximemo-nos..." (HEBREUS 10:19,21,22). Estamos "sob suas asas", portanto temos salvação, segurança e satisfação.

"Agora, pois, já nenhuma condenação há
para os que estão em Cristo Jesus"
(ROMANOS 8:1).

# 26

> O SENHOR é o meu pastor; *nada me faltará*
> (SALMO 23:1).

Quando escreveu essas palavras, hoje tão conhecidas por nós, Davi estava fazendo corajosamente várias declarações a respeito de si mesmo e de todos os que creem na salvação em Cristo Jesus.

Se pudermos dizer com toda sinceridade: "O SENHOR é o meu pastor", *somos verdadeiramente Suas ovelhas*. Antes de confiarmos em Cristo, éramos ovelhas perdidas. "Todos nós andávamos desgarrados como ovelhas; cada um se desviava pelo caminho, mas o SENHOR fez cair sobre ele a iniquidade de nós todos" (ISAÍAS 53:6). Agora que Jesus nos encontrou e nos tornou parte de Seu rebanho, só Ele é o nosso pastor. Alguns cristãos ficam constrangidos de ser chamados de ovelhas, porque elas são indefesas, enxergam mal e têm a tendência de se desgarrar. No entanto, a Bíblia não nos compara a corcéis ou leões, mas a ovelhas, e é por isso que necessitamos de um pastor. "Eu sei, ó SENHOR, que não cabe ao homem determinar o seu caminho, nem ao que caminha o dirigir os seus passos" (JEREMIAS 10:23). Você sabia desse fato?

Se Jesus é o nosso pastor, *nós ouvimos Sua voz*. Em João 10, Jesus diz três vezes que Suas ovelhas ouvem Sua voz (vv.3,16,27). Elas não apenas reconhecem Sua voz (v.4), mas também reconhecem e desprezam as vozes dos falsos mestres que negam a Cristo (v.5). A voz do Bom Pastor é a Palavra de Deus, e o Espírito Santo capacita a ovelha a discernir a verdade de Deus em um mundo repleto de erros (1 JOÃO 4:1-6). Se o Senhor é realmente seu pastor, você passa um tempo todos os dias lendo a Palavra e meditando na verdade em Jesus (EFÉSIOS 4:21).

Se Jesus é o nosso pastor, *nós o seguimos*. As ovelhas seguem Jesus porque "lhe reconhecem a voz" (JOÃO 10:4). Não basta ler a Palavra; precisamos obedecer ao que ela diz. O Bom Pastor nos alimenta e conduz por

Sua Palavra. Não adquirimos maturidade espiritual por ter uma rotina diária de ler a Bíblia ou livros religiosos, mas por "digerir" interiormente a Palavra de Deus e obedecer-lhe exteriormente. "Tornai-vos, pois, praticantes da palavra e não somente ouvintes, enganando-vos a vós mesmos" (TIAGO 1:22). O Salmo 23 deixa claro que devemos seguir a Jesus, senão perderemos tudo o que Ele planejou para nós dia após dia: os pastos verdejantes, as águas de descanso, a comunhão com os irmãos; proteção quando atravessamos o vale ou no aprisco à noite, comunhão à mesa, a unção para nos refrescar e muito mais.

Se Jesus é o nosso pastor, *devemos ser úteis a Ele*. Os rebanhos forneciam leite, lã, carne e cordeiros a seus pastores e suas famílias, bem como sacrifícios para as festas anuais ou para uma adoração especial. Os pastores judeus não matavam seu rebanho a esmo, porque os animais eram muito valiosos, mas ofereciam o melhor que tinham ao Senhor. O povo de Deus deve ser sacrifício "vivo" (ROMANOS 12:1,2), inteiramente submisso a Ele. Devemos "reproduzir" ao falar do evangelho e levar outras pessoas ao Salvador. Quando pensamos no preço que Jesus pagou para nos tornar Suas ovelhas, devemos sentir o desejo de oferecer tudo de nós, nosso melhor, a Ele.

Finalmente, se somos verdadeiramente Suas ovelhas, *sabemos que vamos para o céu*. "...e habitarei na Casa do SENHOR para todo o sempre" (SALMO 23:6). "Na casa de meu Pai há muitas moradas", disse Jesus. "Pois vou preparar-vos lugar" (JOÃO 14:1-3). Quando chegarmos ao céu, o Pastor continuará a cuidar de nós.

Não basta dizer: "O Senhor é um pastor" ou "O Senhor é o pastor". Precisamos dizer com o coração: "O Senhor é o *meu* pastor". Ele chama Seu povo de "minhas ovelhas" porque nos comprou com Seu sangue, e nós o chamamos de "meu pastor" porque confiamos nele.

"Pois o Cordeiro que se encontra no meio do trono
os apascentará e os guiará para as fontes da água da vida.
E Deus lhes enxugará dos olhos toda lágrima"
(APOCALIPSE 7:17).

## 27

> *O conselho do SENHOR dura para sempre;* **os desígnios do seu coração,** *por todas as gerações* (SALMO 33:11).

Nós não temos problema com a primeira parte de nosso versículo, porque sabemos que nosso Pai celestial é soberano e que Seu conselho finalmente triunfará. Mas quando se trata da segunda parte, alguns cristãos talvez hesitem, e você pode ser um deles. Pode ser que tenha tido experiências dolorosas na vida cristã que tornaram difícil acreditar que a vontade de Deus venha do Seu coração e seja uma expressão de Seu amor. Se o Pai nos ama, por que tanta decepção, dor e tristeza na vida? Às vezes, quando nos perguntamos por que acontecem "coisas más" ao povo de Deus, o inimigo usa essas ocasiões para nos perguntar: "Se Deus o ama, por que isto aconteceu?". Como lidamos com essas experiências difíceis?

*Aceite o propósito geral de Deus.* O conselho sábio do Pai para todos os Seus filhos é que devemos ser "conformes à imagem de seu Filho" (ROMANOS 8:29). As provações da vida são ferramentas nas mãos de Deus para nos tornar mais semelhantes a Jesus e, quer entendamos, quer não, todas as coisas estão cooperando para o bem (v. 28). Mas o Pai tem propósitos *individuais* para nós. Ele pede a cada um de nós que desenvolva sua salvação, sua vida cristã, com temor e tremor enquanto Sua obra é realizada em nós (FILIPENSES 2:12,13). José não entendeu completamente por que estava sofrendo tanto, mas tudo cooperou para colocá-lo no trono e torná-lo mais semelhante a Jesus. Os doze discípulos não entenderam por que o Mestre deveria sofrer e morrer, mas finalmente compreenderam a mensagem.

*Submeta-se aos planos diários de Deus.* "Muitos propósitos há no coração do homem, mas o desígnio do SENHOR permanecerá" (PROVÉRBIOS 19:21). Recorri muitas vezes em minha vida e em meu ministério a Jeremias 29:11 e encontrei encorajamento: "Eu é que sei que pensamentos tenho a vosso respeito, diz o SENHOR; pensamentos de paz e não de mal, para vos dar o fim que desejais". Deus tem um universo inteiro para administrar, e o fato de saber que Ele pensa em nós é um verdadeiro encorajamento. Se confiarmos nele, Seus planos para nós aumentarão nossa esperança e nos conduzirão a um futuro brilhante. Essa promessa lembra-me da família em Betânia e as provações pelas quais ela passou. João 11:5 diz: "Ora, amava Jesus a Marta, e a sua irmã, e a Lázaro". Se Jesus os amava, por que permitiu que Lázaro adoecesse e morresse? E por que demorou para chegar a Betânia para ajudar as duas irmãs que Ele amava? Mas tudo cooperou para que Deus fosse glorificado. "Nas tuas mãos, estão os meus dias..." (SALMO 31:15).

*Descanse no amor de Deus.* Seja no caso de Maria, Marta, Lázaro ou no seu ou no meu, a vontade de Deus vem do Seu coração e manifesta Seu amor por nós. Quando cursava o primeiro ano, nosso filho mais velho tentou subir em uma cerca de estacas e feriu-se gravemente. Enquanto o conduzíamos à clínica, ele perguntou-me, apavorado e preocupado: "O que o médico vai fazer?". Expliquei que o médico esterilizaria o ferimento e lhe aplicaria uma injeção antitetânica, e provavelmente daria alguns pontos. O procedimento seria doloroso, mas tudo cooperaria para a cura dele. Por que eu o estava levando ao médico? Porque sua mãe e eu o amávamos e queríamos o melhor para ele. Meu Pai celestial não poupou Seu Filho a quem Ele amava (ROMANOS 8:32) e não nos poupará. O Pai abandonou o próprio Filho *para que Ele nunca nos abandonasse!* Não importa o que sintamos, o Senhor, pela Sua graça, pode transformar o sofrimento em glória e nos tornar mais semelhantes a Seu Filho.

"Tu me guias com o teu conselho e depois
me recebes na glória" (SALMO 73:24).

"O coração do homem traça o seu caminho,
mas o SENHOR lhe dirige os passos" (PROVÉRBIOS 16:9).

# 28

**A minha alma tem sede de Deus**, *do Deus vivo; quando irei e me verei perante a face de Deus?*
(SALMO 42:2).

Os três primeiros versículos do Salmo 42 mencionam os elementos essenciais da vida física: ar (v.1), água (v.2) e alimento (v.3). Espiritualmente falando, a água, o ar e o alimento são essenciais para uma vida espiritual saudável. O Espírito de Deus é nossa respiração (JOÃO 20:22) e nossa água (7:37-39), e a Palavra de Deus é nosso alimento (MATEUS 4:4). O ar, a água e o alimento são necessidades, não luxos. Nesta meditação, quero focar na água para beber, que é o símbolo do Espírito Santo (A ÁGUA PARA LAVAR É O SÍMBOLO DA PALAVRA DE DEUS. VEJA JOÃO 15:3 E EFÉSIOS 5:26). O que está envolvido nesta importante experiência de "sede espiritual"?

*Ter sede envolve desejar.* As pessoas que dizem ser cristãs deveriam sentir um desejo ardente de conhecer melhor a Deus e querer estar em comunhão mais íntima com Ele. Se falta essa sede, a pessoa não é crente ou é um crente que está bebendo água de fontes erradas. "Porque dois males cometeu o meu povo: a mim me deixaram, o manancial de águas vivas, e cavaram cisternas, cisternas rotas, que não retêm as águas" (JEREMIAS 2:13). É perigoso viver de substitutos. "Tu nos fizeste para ti", escreveu Agostinho, "e nosso coração só se aquieta quando descansa em ti". Um ídolo é um substituto de Deus, e os substitutos não podem conceder vida real. Depois de descrever as tristes características dos ídolos mortos no Salmo 115, o salmista escreve: "Tornem-se semelhantes a eles os que os fazem e quantos neles confiam" (v.8). Será que temos um desejo profundo de conhecer a Deus e ser mais semelhantes a Ele? "Ó Deus, tu és o meu Deus forte; eu te busco ansiosamente; a minha alma tem sede de ti..." (63:1). Essa é a realidade!

*Ter sede envolve decidir.* "O que desejam beber?", pergunta o garçom no restaurante, e precisamos tomar uma decisão. Porém, quando se trata de sede espiritual, há somente uma escolha para o crente consagrado: "O Espírito e a noiva dizem: Vem! Aquele que ouve, diga: Vem! Aquele que tem sede venha, e quem quiser receba de graça a água da vida" (APOCALIPSE 22:17). Quando me disse que eu era diabético, o meu médico deu-me um excelente conselho: "Perca o apetite por comidas que não fazem bem para você". *Você toma as decisões! Mude seu apetite!* O convite é bem simples: venha, pegue, beba. "Se alguém tem sede, venha a mim e beba" (JOÃO 7:37). Trata-se de um ato de fé que leva uma satisfação ao coração que nada no mundo é capaz de substituir.

*Ter sede envolve deleitar-se.* As pessoas que anunciam alimentos, bebidas e outros itens de consumo pessoal costumam ressaltar a "satisfação". Mas se esses produtos satisfizessem realmente, *os consumidores não voltariam a comprá-los!* Jesus nos satisfaz de todas as maneiras e não temos nenhum desejo de substitui-lo. "Aquele, porém, que beber da água que eu lhe der nunca mais terá sede", disse Jesus (JOÃO 4:14). Pessoas não-salvas passam a vida inteira sedentos de satisfação e, quando morrem, passam a eternidade sem matar a sede (LUCAS 16:19-31). Assim como o rio em Ezequiel 47:1-12, o rio da água viva aprofunda-se cada vez mais para os filhos de Deus.

A água da vida é grátis para bebermos, mas custou a vida de Jesus para que se tornasse acessível para nós. Ele teve sede na cruz para que nunca tivéssemos sede (JOÃO 19:28). Esse convite nunca foi cancelado. Você já o aceitou? Se sim, está compartilhando o convite com outras pessoas?

"Eu, a quem tem sede, darei de graça da fonte da água da vida" (APOCALIPSE 21:6).

## 29

**Deus reina sobre as nações**; *Deus se assenta no seu santo trono* (SALMO 47:8).

Os patriarcas, os salmistas, os profetas e os apóstolos nunca ouviram a palavra *globalização*, mas todos tinham interesse pelas nações do mundo. Jeová não era uma divindade judaica local; Ele era e é "o Soberano dos reis da terra" (APOCALIPSE 1:5). Aos olhos de Deus, as nações são "como um pingo que cai dum balde e como um grão de pó na balança" (ISAÍAS 40:15), mas são também os campos nos quais a Igreja lança a semente da Palavra de Deus (MATEUS 28:18-20). Os ministérios de Deus às nações são importantes a cada cristão que ora: "Venha o Teu reino".

*Deus fez as nações*. "De um só fez toda a raça humana para habitar sobre toda a face da terra..." (ATOS 17:26). As nações começaram com Adão e Eva e desenvolveram-se após o dilúvio (GÊNESIS 10–11), e depois espalharam-se para outros lugares. Embora o Antigo Testamento se concentre principalmente em Israel, dezenas de outras nações são mencionadas, e a "Grande Comissão" de Cristo exorta-nos a levar o evangelho a todas as nações (LUCAS 24:46-49). Deus fez as nações.

*Deus sustenta as nações*, "pois nele vivemos, e nos movemos, e existimos" (ATOS 17:28). Embora as nações tenham línguas, costumes e recursos diferentes, todas dependem da luz do sol, da chuva, do alimento, do vento e do solo concedidos pelo Senhor. Também dependem umas das outras. Entendo que nossos telefones contêm materiais provenientes de pelo menos 22 nações diferentes. É aí que a globalização entra.

*Deus especifica os tempos e as fronteiras das nações*. Ele fixou "os tempos previamente estabelecidos e os limites da sua habitação" (ATOS 17:26). As nações e os impérios vêm e vão e as fronteiras nacionais mudam, mas a história e a geografia nacionais estão nas mãos de Deus. O Senhor também reina sobre os líderes das nações. "É ele quem [...] remove reis e estabelece reis..." (DANIEL 2:21). "O Altíssimo tem domínio sobre o reino dos homens e o dá a quem quer" (4:32). "Deus é o juiz; a um abate, a outro exalta" (SALMO 75:7). Isso não significa que Deus é culpado pelas atitudes tolas e egoístas dos líderes, porque cada um prestará contas a Deus por suas decisões. Deus pode até usar líderes de governo não convertidos para cumprir Sua vontade. Ele usou as nações gentias para castigar Seu povo Israel e um imperador romano para assegurar que Jesus nascesse em Belém.

*Deus deseja que as nações sejam salvas*, para que "o possam achar, bem que não está longe de cada um de nós" (ATOS 17:27). Na época do Antigo Testamento, a nação de Israel era chamada de "luz para os gentios" (ISAÍAS 42:6; 49:6), mas fracassou nesse ministério. Por meio do testemunho da Igreja atual, essa luz precisa ser revelada ao mundo inteiro (LUCAS 2:32; ATOS 13:42-47). As nações rebelaram-se contra o Senhor (SALMO 2:1-3), mas Seu convite ainda é enviado aos judeus e gentios (SALMO 2:10-12).

Nós, que conhecemos o Senhor, precisamos lembrar que, por sua graça, Ele nos "deu vida juntamente com Cristo [...] e, juntamente com ele [...] nos fez assentar nos lugares celestiais" (EFÉSIOS 2:5,6). Ele nos constituiu reino (APOCALIPSE 1:5,6) e podemos reinar "em vida por meio de um só, a saber, Jesus Cristo" (ROMANOS 5:17). Quando Deus anunciar o novo céu e a nova terra, Seu povo reinará com Ele pelos séculos dos séculos (APOCALIPSE 22:3-5).

Não se esqueça de orar pelos perdidos nas nações do mundo e de fazer o possível para compartilhar o evangelho com eles. Deus quer redimir povos "que procedem de toda tribo, língua, povo e nação" (5:9). Deus reina sobre todas as nações. Ele está reinando sobre a nossa vida?

"Deus reina sobre as nações;
Deus se assenta no seu santo trono"
(SALMO 47:8).

# 30

> *Como temos ouvido dizer, assim o vimos na cidade do Senhor dos Exércitos, na cidade do nosso Deus.*
> **Deus a estabelece para sempre** (SALMO 48:8).

À medida que o tempo passa, os impérios, nações e cidades e seus líderes famosos vêm e vão, mas a cidade de Jerusalém será estabelecida para sempre! Nenhuma outra cidade pode apropriar-se dessa distinção. A palavra Jerusalém é mencionada mais de 800 vezes na Bíblia, começando em Gênesis 14:18 ("Salém", que significa *paz*; veja Hebreus 7:1-10) e terminando em Apocalipse 21:10. Que tipo de cidade é Jerusalém?

*Uma cidade escolhida.* A história da salvação está envolta em numerosas escolhas que Deus fez de acordo com Sua vontade graciosa e soberana. Primeira, dentre todos os corpos celestes que criou, o Senhor escolheu a Terra para ser o lugar onde Seu plano seria posto em prática (SALMO 24:1). Dentre todos os povos da Terra, Ele escolheu os judeus para levar a Palavra de Deus e o Filho de Deus ao mundo (DEUTERONÔMIO 7:6), porque "a salvação vem dos judeus" (JOÃO 4:22). O Senhor escolheu Canaã para ser a pátria de Israel, Seu povo (DEUTERONÔMIO 1:8), e escolheu o monte Sião para ser o local da capital da nação. Jerusalém também seria o abrigo do santuário no qual o Senhor habitaria (SALMO 132:13-18). Jerusalém é Sua cidade escolhida (ZACARIAS 3:2) e Davi foi Seu rei escolhido para estabelecer a dinastia que traria Jesus Cristo ao mundo (1 REIS 11:34). Que cidade!

*Uma cidade culpada.* Jerusalém é "a cidade santa" (NEEMIAS 11:1,18; ISAÍAS 48:2; MATEUS 4:5; 27:53) e "a cidade de Deus" (SALMO 46:4; 48:1; ISAÍAS 60:14). O antigo povo judeu sentia orgulho de sua cidade e a chamava de "a perfeição da formosura, a alegria de toda a terra" (LAMENTAÇÕES 2:15). Porém, quando Jesus Cristo, o Filho de Deus, veio à Terra, Ele encontrou a cidade corrompida e em cativeiro, e chorou sobre a cidade culpada (MATEUS 23:25-39; LUCAS 13:34,35).

*Uma cidade celestial* (HEBREUS 12:18-24). O "monte Sião" do cristão não está na Terra, na Cidade Santa, mas no céu. Nosso Pai e nosso Salvador estão no céu, e nosso lar e destino também estão lá. Nossos tesouros também devem estar lá (MATEUS 6:19-21). Gálatas 4:21-32 explica que os cristãos pertencem à "Jerusalém lá de cima", porque todos os filhos de Deus são cidadãos do céu (FILIPENSES 3:20). Assim como os patriarcas da antiguidade, somos peregrinos e estrangeiros nesta Terra, e estamos aguardando nosso lar permanente no céu (HEBREUS 11:13-16). Devemos buscar "as coisas lá do alto, onde Cristo vive" e pensar "nas coisas lá do alto, não nas que são aqui da terra" (COLOSSENSES 3:1,2). Tudo o que precisamos deve vir, em última análise, de Deus. No Salmo 87, os filhos de Coré escreveram a respeito da cidade de Sião terrena, mas podemos aplicar o que eles escreveram à nossa Sião celestial e dizer: "Todas as minhas fontes são em ti" (v.7). Jesus convida-nos a ir com Ele e beber (JOÃO 7:37-39).

*Uma cidade eterna.* Um dia, haverá um novo céu e uma nova terra, e uma nova Jerusalém descerá à Terra vinda de Deus (APOCALIPSE 21:1-6). Será o cumprimento do Salmo 48:8: "Deus a estabelece [Jerusalém] para sempre". Os dois últimos capítulos de Apocalipse descrevem a grandeza e a glória da cidade. Os filhos glorificados de Deus habitarão no céu e terão acesso à Cidade Celestial na nova terra! Crentes judeus e gentios se unirão naquela cidade, porque as doze portas têm o nome das tribos de Israel, e os doze fundamentos têm o nome dos apóstolos (APOCALIPSE 21:9-15). "Pois vou preparar-vos lugar", disse Jesus (JOÃO 14:1-3).

Lembro-me de ter ouvido um âncora de televisão dizer: "Jerusalém é o segredo para a paz no Oriente Médio". Pensei no Salmo 122:6: "Orai pela paz de Jerusalém!".

Você está orando?

"Irmãos, a boa vontade do meu coração e a minha súplica a Deus a favor deles são para que sejam salvos" (ROMANOS 10:1).

# 31

*Lava-me completamente da minha iniquidade*
**e purifica-me do meu pecado** (SALMO 51:2).

Certa vez, perguntei ao evangelista radiofônico Theodore Epp que conselho ele dava aos casais infiéis que queriam recomeçar a vida conjugal, e ele respondeu: "Digo-lhes que tomem um bom banho no Salmo 51!". Quando se trata de confissão de pecado, Davi nos dá um bom exemplo.

*Ele assumia seus erros.* Você não encontra Davi dizendo "nós" ou "eles", mas "eu", "mim" e "meu ou minha". É "minha iniquidade... minhas transgressões... meu pecado". Ao contrário de Adão e Eva, ou do rei Saul, seu predecessor, Davi não tentava culpar outra pessoa. A princípio, ele planejou esconder seus pecados, mas seus planos não deram certo. "O que encobre as suas transgressões jamais prosperará..." (PROVÉRBIOS 28:13). Com as palavras do profeta Natã, Deus encravou uma faca no coração de Davi — "Tu és o homem" (2 SAMUEL 12:7). A pessoa que não leva o arrependimento a sério não leva o pecado a sério. "Se dissermos que não temos cometido pecado, fazemo-lo mentiroso, e a sua palavra não está em nós" (1 JOÃO 1:10). Nossos pecados são tão sérios que levaram Jesus à cruz.

*Ele estava sobrecarregado e abatido.* O Salmo 51 não é uma oração irreverente de uma criança imatura, mas uma confissão encharcada de lágrimas de um servo adulto de Deus que estava profundamente triste por seus pecados. Davi havia perdido sua pureza e destruído sua integridade, e agora implorava ao Senhor que lhe restituísse a alegria (v.12). Havia transgredido a lei de Deus e se rebelado contra Ele. Era comum Davi ver, onde quer que estivesse, as bênçãos de Deus que lhe inspiraram cânticos ao Senhor; mas agora, para todos os lugares que olhava, ele via apenas seus pecados (v.3). Isso não significa que precisamos provocar lágrimas e emoções dramáticas para que o Senhor nos perdoe;

significa que devemos estar realmente arrependidos pelo que fizemos: "...coração compungido e contrito, não o desprezarás, ó Deus" (v.17). Deus habita com o crente "contrito e abatido de espírito" (ISAÍAS 57:15).

*Ele era confiante.* Não ouvimos Davi tentando fazer barganhas com Deus. Desde o início, Davi dependeu do caráter de Deus, de Sua misericórdia e de Sua benignidade (SALMO 51:1). Davi sabia que podia confiar nas promessas de Deus. O rei tinha a obrigação de ler o Livro da Lei fielmente, portanto Davi devia saber o que o Senhor havia dito a Moisés em Êxodo: "SENHOR, SENHOR Deus compassivo, clemente e longânimo e grande em misericórdia e fidelidade; que guarda a misericórdia em mil gerações, que perdoa a iniquidade, a transgressão e o pecado..." (34:6,7). Mais tarde na vida, Davi disse: "Prefiro cair nas mãos do SENHOR, pois grande é a sua misericórdia, a cair nas mãos dos homens" (2 SAMUEL 24:14 NVI). Os cristãos de hoje descansam nas palavras de 1 João 1:9.

*Ele se dedicou a servir* (SALMO 51:13,18,19). Enquanto não foi perdoado, Davi não tinha condição de ministrar a ninguém; mas tão logo foi purificado, Deus pôde usá-lo. Seu serviço e sua adoração passaram a ser aceitáveis a Deus. Ele podia testemunhar aos pecadores e falar-lhes do perdão do Senhor, e podia ir ao santuário e cantar ao Senhor. Podia encorajar os homens que reparavam os muros de Jerusalém e os sacerdotes que ofereciam sacrifícios. A oração de Davi no versículo 10 foi um momento crucial, porque ele pediu a Deus que transformasse seu coração e espírito para que sempre sentisse o desejo de obedecer a Deus e de andar em santidade. Depois que confessamos nossos pecados e pedimos o perdão de Deus, precisamos cooperar com o Espírito Santo e permitir que Ele use a Palavra de Deus para "curar" nosso coração, para não tropeçarmos novamente. Além de limpar os corações, Deus cria novos desejos em nosso coração de querer lhe obedecer.

"Se confessarmos os nossos pecados, ele é fiel
e justo para nos perdoar os pecados e nos purificar
de toda injustiça" (1 JOÃO 1:9).

# 32

> *Restitui-me* **a alegria da tua salvação** *e sustenta-me com um espírito voluntário* (SALMO 51:12).

Este salmo é uma das orações de confissão de Davi quando ele pediu perdão a Deus por seus pecados deliberados de adultério e assassinato (2 SAMUEL 11–12; SALMO 32). Davi não perdeu a salvação, porque a salvação é tão segura quanto a aliança de Deus; mas perdeu a *alegria* da salvação. A felicidade depende dos acontecimentos, do que se passa *ao nosso redor*; mas a alegria depende do que se passa *dentro* de nós. É desnecessário dizer que o interior de Davi estava em completa confusão. Até os cantores da corte não lhe agradavam, porque ele orou: "Faz-me ouvir júbilo e alegria…" (SALMO 51:8). Quando não estamos em comunhão com Deus, nada dará certo enquanto não acertamos a situação com Ele e com a outra pessoa envolvida.

Muitas pessoas sentem que estão apenas *suportando* a vida, e isso é simplesmente *desespero*. Henry David Thoreau escreveu no capítulo "Economia" de Walden (L&PM Pocket, 2010): "A maioria dos homens vive uma existência de tranquilo desespero" — e isso foi antes dos automóveis, aviões, rádios, Hollywood, televisão e força atômica! Outras estão tentando *fugir da vida*, e sua atitude principal é de *substituição*. Elas substituem preços por valores, divertimento por enriquecimento, correm de um lado para o outro em vez de sentar-se calmamente em casa com o coração tranquilo. Preferem gritar no meio de multidões ruidosas a permanecer em casa na companhia da família e de amigos. David tinha várias esposas, portanto seu caso com Bate-Seba foi puro egoísmo. *O pecado é quase sempre um substituto caro para a realidade.*

Deus não quer que suportemos a vida nem que tentemos fugir da vida. Ele quer que a *aproveitemos* e, portanto, "tudo nos proporciona ricamente para nosso aprazimento" (1 TIMÓTEO 6:17). A vida é cheia de problemas, batalhas e obrigações, mas nossa reação não deve ser de desespero nem de substituição, mas de *transformação*. Jesus disse aos discípulos que a mulher tem tristeza na hora de dar à luz, mas, depois que a criança nasce, ela se alegra (JOÃO 16:20-22). *Transformação é isso*. O mesmo bebê que causou sofrimento causa também alegria! As derrotas e as decepções da vida podem ser transformadas pela graça de Deus, "...mas o nosso Deus converteu a maldição em bênção" (NEEMIAS 13:2).

O pecado é inimigo da alegria, porque é o substituto do diabo para as bênçãos de Deus. Render-se à tentação pode parecer fácil e empolgante no momento, mas as consequências são difíceis e caras. Davi pagou um preço alto por aquele encontro com Bate-Seba, mas, depois de arrepender-se, ele descobriu o que o Senhor poderia fazer para transformar maldições em bênçãos. Lembra-se de quando Davi fez o recenseamento do povo e foi punido por Deus, que matou setenta mil israelitas? (Veja meditação 15). Davi acabou comprando a propriedade na qual erigiu um altar e na qual Salomão, o filho de Bate-Seba, construiu o Templo! Somente o Senhor pode pegar os dois maiores pecados de um homem e fazer deles um templo! Isso não é desculpa para pecar deliberadamente, mas um encorajamento aos pecadores arrependidos.

"No tocante a mim, confio na tua graça; regozije-se o meu coração na tua salvação. Cantarei ao SENHOR, porquanto me tem feito muito bem" (SALMO 13:5,6).

Se perdemos a alegria da salvação, não foi porque o Senhor falhou. Somos culpados por não confessar nossos pecados? Se não for esse o caso, talvez o Senhor esteja nos testando ou o diabo esteja nos tentando. O modo como nos sentimos não é importante. O importante é como nos relacionamos com Deus e Sua Palavra. Não aceite a ideia de suportar a vida ou fugir dela. Deus o ajudará a aproveitar a vida, não apesar dos problemas, mas por causa deles. Deus transforma maldições em bênçãos!

"E o Deus da esperança vos encha de todo o gozo
e paz no vosso crer, para que sejais ricos de esperança
no poder do Espírito Santo" (ROMANOS 15:13).

# 33

> À tarde, pela manhã e ao meio-dia, farei as minhas queixas e lamentarei; e **ele ouvirá a minha voz**
> (SALMO 55:17).

"Sua ligação é muito importante para nós. Por favor, aguarde." E aguardamos, aguardamos e aguardamos enquanto nossa ligação se torna cada vez mais importante — mas não o suficiente para merecer uma resposta humana. A oração não é assim. Deus conhece nossas necessidades antes de lhe pedirmos, mas quer que lhe peçamos *para o nosso bem*, não para o dele. Deus deseja muito dar-nos o que necessitamos, mas primeiro precisamos pedir. A frase "ele ouvirá a minha voz" inclui, na verdade, três privilégios.

Como seres humanos, criados à imagem de Deus, temos o *privilégio de falar*. Muitas pessoas aceitam esse privilégio com menosprezo e abusam dele, mas a fala é realmente um milagre que precisa ser guardado e usado para a glória de Deus. O Senhor colocou algo no cérebro humano que nos capacita a aprender a falar e a aperfeiçoar a fala à medida que crescemos. Aprendemos a falar não apenas entre nós, mas também entre nós e Deus. Sim, podemos orar e louvar a Deus silenciosamente, mas é melhor orar e adorar de forma audível, mesmo quando estamos sozinhos. Ajudar uma criança a aprender os nomes das coisas e como dizê-los é um prazer frustrante, mas estamos participando de um milagre! Muitos filósofos concluíram que, mais que qualquer outra coisa, a fala é o que distingue os humanos dos animais.

Como cristãos, temos o *privilégio de orar*. Ao longo da Bíblia, e principalmente no livro dos Salmos, encontramos o povo de Deus orando. No Salmo 65:2, Deus é chamado de "ó tu que escutas a oração", um título muito importante. A expressão "ouve-me" é encontrada pelo menos 25 vezes nos Salmos, conforme os homens consagrados se dirigem ao Senhor — e Ele os *ouve*! Quando escreveu o Salmo 55, Davi estava profundamente aflito e queria fugir (vv.4-8). Estava em uma tempestade (v.8) e em guerra (vv.18-21), e, apesar de sua experiência militar, ele parecia ser incapaz de derrotar o inimigo. Deus, porém, ouviu seu clamor e deu-lhe a vitória. Em vez de fugir como uma pomba, ele voou nas alturas como águia (ISAÍAS 40:31) e foi mais que vencedor (ROMANOS 8:37).

Nós que conhecemos a Cristo temos também o *privilégio de reivindicar as promessas de Deus*. A Bíblia contém muitas promessas referentes à oração e muitos exemplos de pessoas que oraram, e nosso Pai celestial se agrada quando confiamos nele e agimos de acordo com Sua Palavra. Daniel imitou Davi ao orar três vezes ao dia (DANIEL 6:10) e Paulo diz: "Orai sem cessar" (1 TESSALONICENSES 5:17). O Senhor ouviu a voz de Davi quando ele estava na caverna (SALMO 57) e ouviu as orações de Ezequias quando ele estava no leito de enfermidade (ISAÍAS 38). Pedro clamou quando estava afundando no mar da Galileia: "Salva-me, Senhor" (MATEUS 14:30) e o Senhor o ouviu apesar do tumulto da tempestade e o salvou. Quando Pedro estava na prisão em Jerusalém, o Senhor ouviu as orações dos crentes na casa de Maria, mãe de João Marcos, e o libertou (ATOS 12). Paulo e Silas estavam na prisão em Filipos louvando a Deus e orando, e o Senhor os libertou (ATOS 16:25-34). Onde quer que estejamos, o Senhor nos ouvirá se orarmos com fé e reivindicarmos Suas promessas. Jonas orou de dentro do estômago do grande peixe, e o Senhor ouviu (JONAS 2); e Deus ouve até os filhotes dos corvos quando clamam por alimento (SALMO 147:9).

A oração promove transformações — muda pessoas, inclusive aquelas que estão profundamente aflitas e confiam no Senhor para libertá-las. Existe alguma coisa difícil demais para o Senhor?

"Amo o SENHOR, porque ele ouve a minha voz
e as minhas súplicas. Porque inclinou para mim
os seus ouvidos, invocá-lo-ei enquanto eu viver"
(SALMO 116:1,2).

# 34

> *Desperta, ó minha alma! Despertai, lira e arpa!*
> **Quero acordar a alva** (SALMOS 57:8).

No capítulo 3 de Walden, o naturalista americano Henry David Thoreau escreveu que aquela manhã "foi a parte mais memorável do dia... a hora de despertar". Nem todos concordam com ele. Thoreau devia estar morando em uma choupana na mata quando escreveu essas palavras; mas quando Davi escreveu o Salmo 57, ele estava vivendo em uma caverna, escondendo-se do rei Saul, que desejava matá-lo. "Acha-se a minha alma entre leões [...]. Armaram rede aos meus passos..." (vv.4,6). Muitas pessoas acham que a manhã é a parte mais difícil do dia, mas Davi começava o dia exaltando o Senhor (vv.5,11), orando sobre três despertamentos que os crentes deveriam experimentar todos os dias.

*"Senhor, desperta minha alma!"* A palavra *alma* significa "o ser interior", portanto Davi estava pedindo um reavivamento de sua alma ao Senhor. Se a pessoa interior de Davi não estava recebendo força espiritual do Senhor, como ele poderia vencer o inimigo e servir ao Senhor? Sem a ajuda do Senhor, como poderia liderar seus homens e, finalmente, receber o trono? Há uma frase correta que diz: "O que a vida faz para nós depende daquilo que a vida encontra em nós". Davi dependia do Senhor, e o Senhor nunca falhou com ele. Davi escreveu no Salmo 18: "O Deus que me revestiu de força e aperfeiçoou o meu caminho" (v.32). Todas as manhãs, antes de pôr nosso corpo em movimento, precisamos ter certeza de que a pessoa interior está acordada e alerta. "Eu, porém, cantarei a tua força; pela manhã louvarei com alegria a tua misericórdia" (SALMO 59:16). Uma das melhores maneiras de estar pronto para o dia é dormir meditando nas Escrituras; então você estará pronto para o tempo devocional matutino. "Antes, o seu prazer está na lei do Senhor, e na sua lei medita de dia e de noite" (SALMO 1:2).

"*Senhor, desperta meu cântico!*" Davi tocava lindamente a lira e a harpa e escreveu muitos cânticos de louvor e de ação de graças. Um novo dia não significa apenas novas bênçãos para nossa alma, mas também novo louvor em nossos lábios vindo do coração. Davi está louvando ao Senhor, *antes do nascer do sol*. É comum gemermos de manhã em vez de agradecer ao Senhor e louvá-lo por Suas misericórdias. "De manhã, SENHOR, ouves a minha voz; de manhã te apresento a minha oração e fico esperando" (SALMO 5:3). Qualquer pessoa canta depois de uma vitória, mas é preciso fé para cantar antes da batalha, principalmente quando estamos em número menor (2 CRÔNICAS 20:21-25).

"*Senhor, desperta o sol!*" Davi esperava que seu cântico despertasse o sol, porque ele se encontrava entre os "madrugadores" da Bíblia (1 SAMUEL 17:20). Se queremos que Deus esteja conosco o dia inteiro, precisamos ir a Seu encontro no início do dia, como fazia Abraão (GÊNESIS 22:3), Jacó (28:18), Moisés (ÊXODO 8:20; 9:13; 24:4; 34:4), Josué (JOSUÉ 6:12; 7:16; 8:10), Jó (JÓ 1:5) e Jesus (Marcos 1:35-38; Lucas 4:42; 21:35-38). Antes de abrirmos o jornal de manhã, antes que o telefone comece a tocar, antes de nos envolver com as tarefas diárias, precisamos ir ao encontro do Senhor, meditar na Palavra, orar e esperar nele para receber orientações para o dia. O hino antigo diz que devemos "ter tempo para ser santos", e a melhor hora para ter esse tempo é no começo do dia. Por mais atarefado que estivesse, Jesus acordava de manhãzinha, conversava com Seu Pai e depois ensinava no Templo.

Não importa o que tenha acontecido no dia anterior, cada manhã é um novo começo para nós. O Senhor o ouvirá, porque Ele nunca dorme (SALMO 121:3,4).

"As misericórdias do SENHOR [...] não têm fim; renovam-se cada manhã. Grande é a tua fidelidade" (LAMENTAÇÕES 3:22,23).

# 35

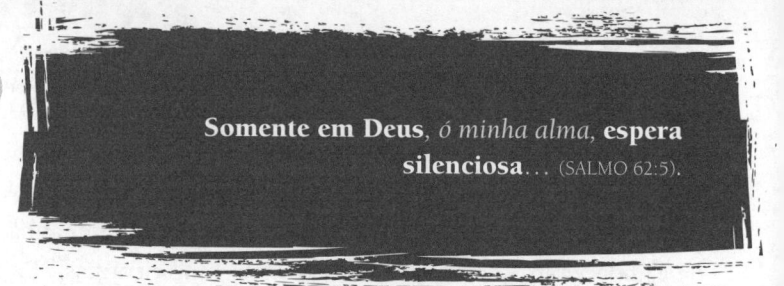

> **Somente em Deus**, *ó minha alma*, **espera silenciosa**... (SALMO 62:5).

Se levarmos essas cinco palavras a sério, descobriremos que estamos pulando três obstáculos que se interpõem no caminho de uma vida cristã de sucesso: correr adiante de Deus, dar ordens a Ele e interferir nos planos do Senhor.

*Seja paciente e não corra adiante de Deus.* "Minha alma, espera". Vivemos em uma sociedade que está sempre apressada, e isso inclui os cristãos que parecem ter perdido a capacidade de esperar no Senhor. Apesar de nossos lemas e esquemas promocionais — "Alcançar o mundo nesta geração!" —, o Senhor não está com pressa. Ele poderia ter criado o Universo com uma demonstração instantânea de poder, mas preferiu criá-lo em seis dias. O rei Saul correu adiante de Deus e perdeu a coroa, ao passo que José no Egito esperou pacientemente na prisão e um dia recebeu uma coroa. Jesus poderia ter vindo à terra como adulto numa segunda-feira, ter morrido na cruz na sexta-feira e ressuscitado no domingo, mas permaneceu em Nazaré durante 30 anos, exerceu um ministério de três anos e depois morreu e ressuscitou. Jesus é "...senhor [...] do sábado" (MARCOS 2:28), o que significa que Ele é o Senhor de nosso tempo. Não podemos cair na armadilha da avidez competitiva do mundo. "Descansa no SENHOR e espera nele..." (SALMO 37:7) e prepare-se para agir quando Ele lhe ordenar.

*Fique em silêncio e não dê ordens a Deus.* Não vivemos apenas em um mundo agitado; vivemos em um mundo barulhento. Acostumamo-nos tanto com o barulho que pensamos que ele não nos prejudica, mas prejudica. Um médico contou-me que os adolescentes que usam amplificadores de som automotivo e ouvem bandas de rock provavelmente terão sérios problemas de audição quando chegarem aos 40 anos. Espero que não. Jesus é o Senhor de meu tempo e o Senhor de minha língua. Há "tempo de estar calado e tempo de falar" (ECLESIASTES 3:7). O livro mais ruidoso da Bíblia talvez seja o de Jó, no qual Deus, Satanás, Jó, a mulher de Jó e os quatro amigos de Jó discutem a respeito do caráter de Deus e do significado do sofrimento. Mas os problemas só são resolvidos quando Jó fecha a boca e permite que Deus fale (JÓ 40:1-5; 42:1-6). O apóstolo Pedro aconselhou Jesus quando Ele falou de Sua morte (MATEUS 16:21-23) e também no monte da Transfiguração (17:1-7), mas Jesus não seguiu os conselhos de Pedro. É mais fácil ouvir a Palavra do Senhor e conhecer Seus planos quando não estamos falando.

Tenha calma e não interfira nos planos de Deus. Para ter uma vida cristã, precisamos esperar "somente em Deus". Deus pode agir de modo extraordinário quando não interferimos em Seus planos e permitimos que Ele receba a glória. É fácil ser como Jacó que orou por ajuda e depois traçou seus próprios planos (GÊNESIS 32:6-21). Confiar significa viver sem criar esquemas, e não somos espertos o suficiente para fazer planos melhores que Deus faz. No texto original em hebraico do Salmo 62, a palavra traduzida por "somente" ou "só" é usada nos versículos 1, 2, 4, 5, 6 e 9. Quando Jesus anunciou Sua morte iminente, Pedro interferiu em Seus planos (MATEUS 16:21-33) e no jardim, Pedro pegou a espada e tentou libertar Jesus (JOÃO 18:1-11). Interferir nos planos de Deus é nos privar das melhores bênçãos que Ele planejou para nossa vida.

O Salmo inteiro diz que devemos focar inteiramente no Senhor porque Ele é nossa rocha (vv.2,6,7), nosso refúgio (vv.7,8), nossa salvação (vv.1,2,6,7), nosso refúgio (vv.2,6) e nossa glória (v.7). Jesus é o Senhor de nosso tempo, portanto seja paciente e espere nele. Jesus é o Senhor de nossa fala, portanto fique em silêncio e não dê conselhos a Ele. Jesus é o Senhor de nossos planos, portanto deixe que Ele siga Seu caminho. O futuro é seu amigo quando Jesus é o seu Senhor.

## 36

> *Somente em Deus, ó minha alma, espera silenciosa, porque* **dele vem a minha esperança** (SALMO 62:5).

Esperança significa expectativa, e a maior esperança do coração do cristão deve ser a volta de Jesus Cristo para Sua igreja. Paulo chama-a de "bendita esperança" (TITO 2:13). "A esperança em si é uma espécie de felicidade", escreveu Samuel Johnson, "e talvez a principal felicidade que o mundo oferece". Seu contemporâneo Alexander Pope não estava tão otimista assim quando escreveu: "A esperança brota eternamente no peito do homem. Ele nunca é, mas espera sempre ser feliz". As pessoas concentram suas esperanças em coisas diferentes — no banqueiro, no médico, no novo patrão —, mas o cristão consagrado concentra toda a sua esperança em Deus. "E eu, Senhor, que espero? Tu és a minha esperança" (SALMO 39:7). Nossa esperança em Cristo não é do tipo "assim espero" ou um pensamento ansioso, porque ela é certa e traz muitas bênçãos a cada um de nós.

*Pureza.* "E a si mesmo se purifica todo o que nele tem esta esperança, assim como ele é puro" (1 JOÃO 3:3). Essa foi também a oração de Paulo pelos cristãos de Tessalônica (1 TESSALONICENSES 5:22,23) e deve ser a nossa oração. Da mesma forma que os noivos se mantêm puros, aguardando ansiosamente o casamento, assim também é a Igreja, a noiva de Cristo (APOCALIPSE 19:7-9).

*Serviço fiel.* "Bem-aventurados aqueles servos a quem o senhor, quando vier os encontre vigilantes [...] Ficai também vós apercebidos, porque, à hora em que não cuidais, o Filho do homem virá" (LUCAS 12:37,40). Citando novamente Samuel Johnson: "Onde não há esperança, não pode haver diligência". O agricultor trabalha muito para preparar o solo, plantar as sementes e cultivar as plantas, porque deseja colher os frutos de seu trabalho. Os alunos dedicam-se aos estudos porque querem receber o diploma e prosseguir na vida. Jesus disse:

"Eis que venho sem demora, e comigo está o galardão que tenho para retribuir a cada um segundo as suas obras" (APOCALIPSE 22:12).

*Consolação*. A volta de Cristo não significa apenas recompensas para os fiéis, mas também reunião para os que choram (1 TESSALONICENSES 4:13-18). Estaremos de novo com nossos entes queridos e amigos cristãos que morreram, e estaremos sempre com o Senhor e com eles.

*Alegria*. Paulo escreve que regozijar-se na esperança é um comportamento cristão normal (ROMANOS 12:12). Sejam quais forem as nossas circunstâncias, o fato de saber que o melhor ainda está por vir deveria deixar nosso coração alegre. G. K. Chesterton escreveu: "Esperança é o poder de estar alegre nas circunstâncias que deveríamos estar desesperados". A felicidade depende dos acontecimentos, mas a alegria verdadeira depende de nosso relacionamento com o Senhor. "Alegrai-vos sempre no Senhor [...] Perto está o Senhor" (FILIPENSES 4:4,5).

*Estabilidade*. "Temos esta esperança como âncora da alma, firme e segura, a qual adentra o santuário interior, por trás do véu" (HEBREUS 6:19 NVI). A âncora física desce às profundezas, mas nossa âncora espiritual sobe em direção ao céu, onde Jesus está, e impede-nos de desviar de nossa profissão de fé cristã (HEBREUS 2:1). A âncora física mantém o navio no lugar, mas nossa âncora capacita-nos a seguir adiante na vida cristã (HEBREUS 6:1) e a não "afundar" nas tempestades da vida.

Enquanto esperamos no Senhor, meditamos e oramos, o Espírito e a Palavra aumentam nossa esperança. Leia com calma Romanos 15:4,13 — e alegre-se na esperança!

"A esperança dos justos é alegria, mas a expectativa dos perversos perecerá" (PROVÉRBIOS 10:28).

# 37

> *Não* **me rejeites na minha velhice**; *quando me faltarem as forças, não me desampares* (SALMO 71:9).

O poeta americano Ogden Nash disse que a velhice chega quando o número de nossos descendentes é maior do que o de nossos amigos e, para algumas pessoas, essas palavras são verdadeiras. Uma coisa é certa: a velhice chega, mas com a ajuda do Senhor podemos lidar com ela como cristãos. O que isso significa?

*Evitamos ser tolos.* "Há tolos idosos e tolos jovens", um amigo me disse enquanto discutíamos um problema na igreja. Paulo exortou os homens e mulheres idosos da família da Igreja a serem respeitáveis e honrar a Deus, entre outras coisas (TITO 2:2). Em toda a Escritura, a ênfase recai sobre a sabedoria dos idosos. "Está a sabedoria com os idosos, e, na longevidade, o entendimento?" (JÓ 12:12). O rei Roboão cometeu o erro de seguir o conselho de seus amigos jovens, e a nação dividiu-se em Israel e Judá, embora seu pai Salomão tenha escrito a respeito de um "rei velho e insensato" que não deu ouvidos à razão (ECLESIASTES 4:13).

*Resistimos ao mau humor.* Em Eclesiastes 12:1-7, Salomão descreve detalhadamente alguns problemas da velhice que nos deixam mal-humorados. O corpo não funciona mais como antes, ficamos assustados com os mais leves sons, temos medo de altura e de viagens em alta velocidade. Coisas que antes nos davam prazer agora não nos atraem e temos a tendência de ficar impacientes e criticar. Provavelmente essas reações são sintomas de nossa resistência a mudanças e nosso medo de ficar para trás. Nosso ego não se alegra nem um pouco quando um neto sabe lidar com o computador melhor do que nós! Mas Deus não nos rejeitará na velhice (SALMO 71:9,18) e até prometeu nos carregar (ISAÍAS 46:4). À medida que o Senhor nos capacita, devemos parar de reclamar e fazer o possível para ajudar e encorajar os outros.

*Especializamo-nos em fidelidade.* A conhecida história natalina registrada em Lucas 1–2 apresenta-nos quatro pessoas idosas e piedosas: Zacarias e Isabel, os pais de João Batista, e Simeão e Ana, adoradores no Templo. Eles eram fiéis ao Senhor e por isso outras pessoas tomaram conhecimento de que o Deus Salvador havia sido enviado ao mundo. "Coroa de ouro são as cãs, quando se acham no caminho da justiça" (PROVÉRBIOS 16:31). Os "santos anciãos" deviam ser um grande exemplo de piedade para que os jovens obedeçam com alegria a ordem de Levítico 19:32: "Diante das cãs te levantarás, e honrarás a presença do ancião, e temerás o teu Deus. Eu sou o SENHOR". Mas os idosos também deviam fazer sua parte, ensinando e encorajando os mais jovens (2 TIMÓTEO 2:2).

*Manifestamos frutificação.* "O justo florescerá como a palmeira, crescerá como o cedro no Líbano [...] Na velhice darão ainda frutos, serão cheios de seiva e de verdor" (SALMO 92:12,14). Durante os primeiros anos de meu ministério, alguns dos cristãos mais extraordinários que conheci foram homens e mulheres que estavam aposentados, mas estavam também determinados a "servir ao Senhor até o fim". O famoso pregador e autor britânico F. B. Meyer disse a um amigo: "Espero realmente que meu Pai permita que o rio de minha vida seja fluente até o fim. Não quero que termine num pântano". Essa é também a minha oração. Quero ter viço, frutificar e prosperar! Agora que cheguei à casa dos 80 anos, não posso fazer tudo o que fazia antes, mas, pela graça de Deus, quero continuar a fazer o que Ele me permitir.

A época da velhice revela o que é verdadeiramente importante para nós e dá-nos mais uma oportunidade de servir ao Senhor e ajudar a alcançar aqueles que nunca confiaram nele. Podemos andar com o Senhor e permitir que os rios de água fluam e abençoem os outros (JOÃO 7:37-39) ou podemos viver de modo egoísta e parar de produzir frutos para Sua glória. Tomemos a decisão certa!

"Mesmo na velhice darão fruto, permanecerão viçosos e verdejantes" (SALMO 92:14 NVI).

# 38

**Até que entrei no santuário** de Deus e atinei com o fim deles (SALMO 73:17).

Este salmo foi escrito pelo levita Asafe, um dos líderes de adoração no santuário judaico (1 CRÔNICAS 16:1-6,37). Ele escreveu também os Salmos 50 e 74–83. No salmo 73, Asafe diz como perdeu temporariamente seu desejo de cantar e como, com a ajuda de Deus, o recuperou. Ele desanimou porque os perversos prosperavam ao passo que os piedosos estavam sofrendo, e isso não lhe parecia certo. Mas quando entrou no santuário, o lugar da morada de Deus, ele se tornou um novo homem. Com essa experiência, aprendemos três instruções básicas para a vida.

*Não olhe ao redor nem se torne um "observador do povo".* Asafe não foi o primeiro a desanimar porque os perversos parecem prosperar enquanto os piedosos sofrem. Jó foi atormentado por esse problema (JÓ 21) e também Jeremias (JEREMIAS 12), Davi (SALMO 37) e Habacuque (HABACUQUE 1). Mas focar no que os não cristãos *fazem* e *possuem* significa andar pela vista e não por fé. Asafe aprendeu que a vida mundana é apenas um sonho e uma miragem (SALMO 73:20), ao passo que os crentes estão em contato com a realidade e a eternidade. Não devemos ter inveja dos perdidos porque eles perecerão (vv.17,27); nem devemos ter inveja de outros cristãos, porque não temos a capacidade nem a autoridade de julgar outros crentes (ROMANOS 14:4). Quando você estiver no santuário, em comunhão com Deus, não olhe para as outras pessoas nem para si mesmo. Seu foco deve estar no Senhor.

*Olhe para trás e lembre-se da bondade de Deus* (SALMO 73:1). "Oh! Provai e vede que o SENHOR é bom…" (34:8). Quando nos esquecemos da bondade de Deus, deve haver algo errado com nossas "papilas gustativas" porque estamos nos alimentando da comida errada. Nosso Senhor está conosco e nos sustenta e nos guia (73:23,24). Temos o Espírito Santo dentro de nós para nos ensinar e nos capacitar, e temos a Palavra de Deus e Suas numerosas promessas para nos encorajar. E não esqueça que alguns dos sofrimentos que enfrentamos neste mundo resultam do fato de sermos cristãos e de sermos luz e sal. "Ora, todos quantos querem viver piedosamente em Cristo Jesus serão perseguidos" (2 TIMÓTEO 3:12). Temos a tendência de aceitar naturalmente as bênçãos de Deus e reclamar das provações que Ele permite, para crescermos em graça. "Deus é a fortaleza do meu coração", disse Asafe, "e a minha herança para sempre" (SALMO 73:26). Em meio à pobreza, sofrimento e dor, Jó disse à sua mulher: "...temos recebido o bem de Deus e não receberíamos também o mal?" (JÓ 2:10). De fato, com base em Romanos 8:28, as experiências que classificamos como "más" serão um dia classificadas como "boas". Quando "contamos as bênçãos", expulsamos a inveja de nosso coração e louvamos a Deus com os lábios.

Olhe para frente e alegre-se com a glória futura. "Tu me guias com o teu conselho e depois me recebes na glória" (SALMO 73:24). Jesus suportou a cruz "em troca da alegria que lhe estava proposta" (HEBREUS 12:2), o que inclui a alegria de apresentar a Igreja, Sua Noiva, ao Pai no céu (JUDAS 24). As lembranças quase sempre causam derrota, mas a previsão das promessas cumpridas causa alegria e vitória porque estamos "olhando [...] para o Autor e Consumador da fé, Jesus..." (HEBREUS 12:2). Quando os fardos são pesados, e as batalhas, violentas, e você começar a invejar os outros, medite nas palavras de Jesus em João 13:7: "O que eu faço não o sabes agora; compreendê-lo-ás depois". A fé em Sua Palavra conduz você ao santuário de Sua presença e proporciona tudo o que você necessita para vencer a batalha.

"Sabemos que todas as coisas cooperam para o bem daqueles que amam a Deus, daqueles que são chamados segundo o seu propósito" (ROMANOS 8:28).

# 39

> **Quantas vezes se rebelaram contra ele no *deserto* e na solidão o *provocaram!*** (SALMO 78:40).

É comum dizer-se que Deus tirou Israel do Egito em uma noite, mas foram necessários quarenta anos para tirar o Egito de Israel. Liberdade não é garantia de maturidade. Depois de viver na escravidão durante séculos, o povo judeu precisava superar sua mentalidade de escravo, caso contrário jamais seria capaz de vencer os inimigos e tomar posse de sua herança. As reclamações e as críticas de Israel eram uma irritação constante para Moisés e para Deus. Mas vemos também aquela atitude juvenil no povo de Deus de hoje, que deveria alegrar-se por ser livre em Cristo. Se às vezes você pensa ou diz uma destas frases, continua a viver como escravo e precisa começar a amadurecer.

"A vida é um peso!" A vida era um peso para os judeus no Egito, e eles tinham de obedecer às ordens ou seriam punidos. As crianças obedecem por medo do castigo, mas as pessoas maduras obedecem por amor e devoção. Deus conduziu os israelitas ao Sinai, onde manifestou Sua glória e deu-lhes as leis que os protegeria e os guiaria. O povo deveria amar ao Senhor, o seu Deus, e obedecer-lhe em todas as áreas da vida, mas isso não era escravidão. Quando o amor une o povo de Deus ao Senhor e entre si, vemos o mais belo exemplo de liberdade. Se a vida é um peso para você, leia Mateus 11:28-30 e obedeça a essas palavras.

"Eu preciso ter segurança!" Sim, havia perigos no deserto, mas o Senhor estava com Seu povo para protegê-lo e sustentá-lo. "O SENHOR é o meu pastor; nada me faltará" (SALMO 23:1). Deus cuidou para que os sapatos e as roupas dos israelitas não se desgastassem e que eles recebessem o pão diário. O Senhor lutou contra os inimigos do povo e deu a vitória a Israel. Amar e fazer a vontade de Deus é a fonte de segurança mais confiável. O lugar mais seguro do mundo é estar no centro da vontade de Deus.

"Não sei por que aquilo aconteceu!" Os crentes maduros andam pela fé, não pelo que veem (2 CORÍNTIOS 5:7). O Senhor estava preparando Seu povo para as batalhas e bênçãos que encontrariam na Terra Prometida. Cada tentação que vencemos pode ajudar a aprimorar nossos olhos espirituais e a fortalecer nossos músculos espirituais, e cada provação pode ajudar-nos a crescer em graça.

"Senhor, eu tenho problemas demais!" Durante a caminhada no deserto, os judeus sentiram fome, sede e ataques dos exércitos inimigos, e reclamar era a reação normal deles. Nenhum de nós tem direito a receber nada. Tudo o que recebemos é pela graça de Deus e não devemos reclamar.

"Tenho o direito de receber o que desejo!" O povo pediu carne para comer e o Senhor lhes deu carne, mas muitos deles morreram por causa disso (NÚMEROS 11). Você já amadureceu o suficiente em sua vida espiritual a ponto de ser agradecido por uma oração não respondida?

"Ah, como eram bons aqueles tempos!" Sempre que a situação ficava difícil, os judeus queriam voltar para o Egito, para a escravidão e para o sofrimento. Mas esse não era o plano de Deus. "Portanto [...] avancemos para a maturidade..." (HEBREUS 6:1 NVI). Deixar a infância para tornar-se adulto não é fácil, mas quem deseja permanecer no berço e no cercadinho?

Provocar Deus com nossa infantilidade e rebeldia só serve para entristecê-lo e roubar-nos o melhor que Ele planejou para nós. Nós, que pertencemos a Cristo, não somos mais "do mundo" (JOÃO 17:16), mas será que ainda existe algo do mundo em nosso coração? Se sim, devemos confessá-lo e abandoná-lo a fim de não transigirmos e voltarmos ao cativeiro à semelhança do povo de Israel. Nossa pátria está no céu (FILIPENSES 3:20).

"Eis que o obedecer é melhor do que o sacrificar,
e o atender, melhor do que a gordura de carneiros"
(1 SAMUEL 15:22).

## 40

> *O teu* **braço é armado de poder,** *forte é a tua mão, e elevada, a tua destra* (SALMO 89:13).

Há tantas ferramentas e instrumentos eletrônicos poderosos hoje em dia que a força dos braços de um trabalhador não é importante. Mas não era assim nos tempos bíblicos, quando os trabalhadores e os guerreiros precisavam ter músculos fortes. Deus não depende da força de *nossos* braços; somos nós que dependemos da força de *Seus* braços — e eles são fortes e poderosos. Quando pensamos que somos fortes, logo descobrimos que somos fracos. O rei Uzias "foi maravilhosamente ajudado, até que se tornou forte" (2 CRÔNICAS 26:15). Paulo tinha razão quando escreveu: "Porque, quando sou fraco, então, é que sou forte" (2 CORÍNTIOS 12:10). Quando depositamos nossa confiança em Cristo, Seu braço poderoso nos capacita a fazer Sua vontade.

*O braço de Deus, o Criador.* "Ah! SENHOR Deus, eis que fizeste os céus e a terra com o teu grande poder e com o teu braço estendido; coisa alguma te é demasiadamente maravilhosa" (JEREMIAS 32:17). A criação embaixo de nós, à nossa volta, acima de nós e dentro em nós convence-nos, dia e noite, do poder e da sabedoria incrível de Deus. Aquilo que os homens chamam de "lei científica" é apenas um modo de explicar os princípios maravilhosos de Deus para construir Seu universo. Esses princípios nos lembram que nada é difícil demais para o Senhor. No Sermão do Monte, Jesus apontou para as flores e aves frágeis e lembrou-nos de que, se Deus cuida delas, certamente cuidará de nós. Portanto, não se preocupe!

*O braço de Deus, o Libertador.* O poder do braço de Deus é visto também na história humana. Depois de atravessar o mar Vermelho em terra seca, Israel cantou e proclamou que o espanto e o pavor caiu sobre seus inimigos pela grandeza do braço de Deus (ÊXODO 15:16). Quando os israelitas estavam prestes a entrar na Terra Prometida, Moisés garantiu-lhes que contariam com a ajuda de Deus: "E o SENHOR nos tirou do Egito com poderosa mão, e com braço estendido..." (DEUTERONÔMIO 26:8). O Pai "nos libertou do império das trevas e nos transportou para o reino do Filho do seu amor" (COLOSSENSES 1:13).

*O braço de Deus, o Vencedor.* Deus tirou Israel do Egito para levá-lo a receber sua herança, e o ajudou a vencer os inimigos. "Pois não foi por sua espada que possuíram a terra, nem foi o seu braço que lhes deu vitória; e sim a tua destra, e o teu braço [...] porque te agradaste deles" (SALMO 44:3). Possuímos nossa herança espiritual em Cristo quando confiamos em Deus e no poder de Seu braço (EFÉSIOS 1:19; COLOSSENSES 1:29).

*O braço de Deus, o Salvador.* "Quem creu em nossa pregação? E a quem foi revelado o braço do SENHOR?" (ISAÍAS 53:1). Não recebemos a salvação por meio de sacrifício de animais ou de boas obras. Foi a morte de Jesus Cristo na cruz e Sua ressurreição que compraram nossa salvação. Deus desnudou Seu braço forte no Calvário e no túmulo vazio, e venceu o pecado e a morte.

*O braço de Deus, o Cuidador.* "Como pastor [...] entre os seus braços recolherá os cordeirinhos, e os levará no seio..." (ISAÍAS 40:11). Jesus, o Pastor amoroso, busca a ovelha perdida, encontra-a, carrega-a nos ombros — observe o plural — e a leva para casa (LUCAS 15:5). A ovelha está protegida nos braços do pastor e com o rebanho no aprisco.

Deus tem braços poderosos e eles nunca fraquejam nem falham!

"O Deus eterno é a tua habitação e, por baixo de ti, estende os braços eternos" (DEUTERONÔMIO 33:27).

# 41

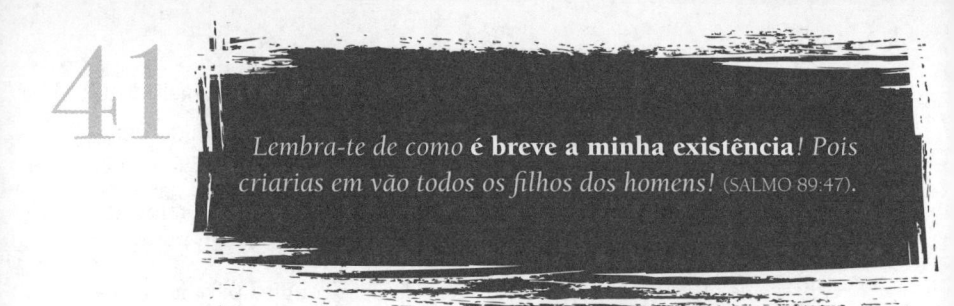

> *Lembra-te de como* **é breve a minha existência!** *Pois criarias em vão todos os filhos dos homens!* (SALMO 89:47).

Alguém disse que o tempo cura tudo, mas destrói a beleza, e, à medida que envelheço, concordo com essas palavras. Todo ser vivente envelhece, mas nem todos revelam ou consertam da mesma forma o estrago que a idade traz. Há ocasiões em que o tempo parece correr na velocidade da luz, e há ocasiões em que o tempo parece arrastar-se como o trânsito de fim de tarde. Uma coisa é certa: o tempo não para, e cada um de nós precisa decidir como lidar com ele.

*Podemos perder tempo com futilidades.* Encontramos cerca de 40 vezes no livro de Eclesiastes a palavra *vaidade* ou a expressão *correr atrás do vento*. Um de meus professores disse que a palavra hebraica traduzida por *vaidade* significa "o que sobra depois que as bolhas de sabão estouram". O rei Salomão examinou cuidadosamente os muitos aspectos da vida humana antes de escrever Eclesiastes, e chegou à conclusão de que a vida não tem sentido. A vida sem sentido é simplesmente existência, não vida verdadeira. Podemos trabalhar muito e talvez repor o dinheiro que gastamos, mas não podemos ter de volta o tempo que perdemos. Se o Senhor perguntasse às pessoas deste "caminho da vaidade" por que Ele deveria permitir que elas vivessem, não receberia resposta. Viver para as vaidades deste mundo é desperdício de vida.

*Podemos passar o tempo realizando meras atividades.* Deus "tudo nos proporciona ricamente para nosso aprazimento" (1 TIMÓTEO 6:17), mas nem todo aprazimento enriquece nossa vida. Deus nos dá *ricamente* porque deseja que sejamos ricos. À medida que amadurecemos no Senhor, queremos ter experiências que glorifiquem a Deus e nos façam crescer espiritualmente. Vida verdadeira significa dar e receber. Jesus disse: "Em verdade, em verdade vos digo: se o grão de trigo, caindo na terra, não morrer, fica ele só; mas, se morrer, produz muito fruto" (JOÃO 12:24). Se você vive apenas para si, perderá sua vida, mas se viver para Cristo, a salvará e ajudará a salvar outras pessoas. A atividade em si é movimentação sem bênção. Estamos vivendo de substitutos. *Podemos investir o tempo no que é eterno.* A vida inclui responsabilidades. Deus nos dá vida no momento da concepção e vida eterna na conversão, e essas duas experiências são acompanhadas de dons e habilidades para serem usadas para a glória de Deus. Ele não me fez um atleta nem um mecânico, mas deu-me amor pelas palavras — ler, estudar, aprender com elas, falar e escrever. A Bíblia tem sido meu livro didático desde a adolescência e agradeço a Deus por tudo o que Ele me ensina. Não estou dizendo que todo crente tem de ser um pregador ou professor, mas que cada um de nós precisa desenvolver nossos talentos e usá-los para servir aos outros e glorificar a Deus no chamado que Ele nos concedeu. Precisamos viver "com os valores da eternidade em mente". "Ora, o mundo passa", diz 1 João 2:17, "bem como a concupiscência da carne; aquele, porém, que faz a vontade de Deus permanece eternamente". Não estamos desperdiçando tempo nem gastando tempo; estamos investindo nosso tempo naquilo que é eterno.

Em contraste com a eternidade, a vida é breve e o tempo passa rapidamente. Você percebe isso? Parece que foi ontem que me casei e que me tornei pai, dois anos depois. Hoje, minha mulher e eu temos bisnetos! Para onde foi o tempo? Foi para eternidade e, um dia, nós o seguiremos. Estaremos perante o tribunal de Cristo e nossas obras serão julgadas.

A vida é curta. Vamos investi-la no que é eterno. Os dividendos são incomensuráveis, agora e na eternidade.

"Ora, além disso, o que se requer dos despenseiros é que cada um deles seja encontrado fiel" (1 CORÍNTIOS 4:2).

# 42

> **Fidelíssimos são os teus testemunhos;**
> *à tua casa convém a santidade, Senhor,*
> *para todo o sempre* (SALMO 93:5).

Testemunhos é um dos sinônimos de "Bíblia", a Palavra de Deus. Deriva do latim e significa "confirmação" e dela vêm as palavras testificar e testamento. As Escrituras testemunham sobre a existência e o caráter de Deus, Suas obras e Sua vontade para Seu povo. Que tipo de testemunho a Bíblia é?

*A Bíblia é um testemunho real.* "Reina o Senhor" de um trono eterno (SALMO 93:1,2) e sempre reinará. "O Senhor é rei eterno..." (SALMO 10:16; VEJA 1 TIMÓTEO 1:17). Nos tempos antigos, quando o rei falava, o povo ouvia e obedecia. "Porque a palavra do rei tem autoridade suprema; e quem lhe dirá: Que fazes?" (ECLESIASTES 8:4). Devemos sempre dar o devido valor à Bíblia, porque o Rei do Universo se digna a falar conosco! Quando abrimos o coração e a Bíblia, Deus abre Sua boca; e se Ele não nos falar, é melhor tentarmos descobrir rapidamente o motivo. Existe um pecado em nossa vida? A leitura está sendo rápida demais?

*A Bíblia é um testemunho contemporâneo.* O salmista usa a palavra *são*. O verbo está no presente do indicativo, porque aquilo que Deus disse séculos atrás fala a nós até hoje. A Palavra de Deus não muda, mas as línguas mudam; e por esse motivo os estudiosos da Bíblia precisam revisar o texto de tempos em tempos. Conforme lemos na Escritura, nós "ouvimos" o que Deus diz aos patriarcas, aos reis, aos profetas e ao povo em geral — mas o que Ele diz, fala também a nós. E também ouvimos o que essas pessoas disseram a Deus. A Palavra de Deus é um *livro vivo*, e sua mensagem nunca envelhece (HEBREUS 4:12; 1 PEDRO 1:23). Eu sorrio quando as pessoas dizem: "O nosso pastor faz a Bíblia ser muito importante".

Não importa o modo como nós, mortais, manuseamos a Bíblia. *Ela é sempre importante.* Se permitirmos ao Espírito Santo, Ele provará isso para nós.

*A Bíblia é um testemunho fidedigno.* "Fidelíssimos são os teus testemunhos..." (SALMO 93:5). O trono de Deus está firmado (v.2) e a Palavra de Deus está firmada. Nem todos os testemunhos no tribunal são dignos de confiança, e alguns são multados por desrespeito à autoridade na corte, mas o testemunho da Bíblia é sempre fidedigno. As pessoas que dizem: "Tão certo quanto o mundo...", deveriam dizer: "Tão certo quanto a Palavra...". Jesus disse: "Passará o céu e a terra, porém as minhas palavras não passarão" (MATEUS 24:35). Como tempestades no oceano, as vozes das nações tentam abafar a voz do Senhor, mas sua Palavra continua a falar (SALMO 93:3,4). Deus repreende as vozes desafiadoras das nações (ISAÍAS 17:12,13) e até ri delas (SALMO 2:1-4). Lembre-se disso quando ler o jornal ou assistir ao noticiário da noite.

*A Bíblia é um testemunho transformador.* O curto Salmo 93 termina com uma nota pessoal: se amarmos a Palavra de Deus e buscarmos obedecê-la, nossa vida será transformada. "[À] tua casa convém a santidade, SENHOR, para todo o sempre" (v.5). A palavra *casa* pode referir-se ao santuário de Deus ou ao povo de Deus. Quando entendida e aplicada corretamente, a Bíblia Sagrada produz um povo santo (2 CORÍNTIOS 3:18). Deus governa Seu universo por *ordenança*, não por comitê ou consenso. Nunca negociamos a vontade de Deus; nós a aceitamos e obedecemos.

"Por que se enfurecem os gentios e os povos imaginam coisas vãs?" (SALMO 2:1).

# 43

> **Exaltai ao SENHOR, nosso Deus,** *e prostrai-vos ante o escabelo de seus pés, porque ele é santo* (SALMO 99:5).

Parece estranho que o Espírito Santo tenha de nos lembrar, por meio do salmista, de adorar somente a Deus e exaltá-lo (SALMO 99:5,9). Exaltar ao Senhor não é o que você espera dos cristãos? Exaltar a Cristo deveria ser o maior desejo de nosso coração e a expressão mais natural de nossa vida. A palavra exaltar deriva de duas palavras latinas: ex (fora) e altus (alto). Exaltar ao Senhor significa colocá-lo em lugar alto, distante das "celebridades" deste mundo. Significa engrandecer a Cristo com nosso testemunho, caminhada, trabalho e adoração, para que os outros vejam Sua grandiosidade. Este salmo dá-nos três motivos para engrandecermos ao Senhor com amor e fidelidade na sociedade ímpia de nossos dias.

*Ele reina de um alto e santo trono* (vv.1-3). Embora não possamos vê-lo, Ele está "acima de tudo" e nunca poderá ser destronado. Nosso Salvador Jesus Cristo está sentado no trono com Seu Pai no céu (HEBREUS 1:3; 12:2) e, juntos, estão no controle total. A expressão "acima dos querubins" (SALMO 99:1) leva-nos ao Santo dos Santos do santuário. Os dois querubins de ouro faziam parte do propiciatório localizado em cima da arca da aliança. Aquele era o trono de Deus na nação de Israel. A glória de Deus habitava no Santo dos Santos, porque o trono de Deus e a glória de Deus se harmonizam. Mas esse trono glorioso é também um trono de graça no qual nosso Salvador ministra a nós e ouve nossas orações (HEBREUS 4:14-16), porque a graça e a glória se harmonizam (SALMO 84:11). É por isso que "santificado seja o teu nome" é o primeiro pedido na Oração do Senhor (MATEUS 6:9). Se nossas solicitações não glorificam ao Senhor, por que deveríamos pedi-las? Exaltemos o Rei perfeito!

*Ele atua como um soberano e santo Juiz* (SALMO 99:4,5). Quanta justiça, retidão e equidade vemos no mundo de hoje? O número assustador de casos à espera de julgamento nos tribunais desencoraja algumas pessoas até de tentar obter justiça. O Senhor é sábio, poderoso, vê o coração humano e faz julgamento correto e com sabedoria. "O Senhor faz justiça e julga a todos os oprimidos" (SALMO 103:6), se não nesta vida, então certamente na eternidade. Quando os livros forem abertos, o Senhor cuidará para que os justos sejam inocentados e recompensados, e os perversos sejam condenados e punidos. "Eis a Rocha! Suas obras são perfeitas, porque todos os seus caminhos são juízo; Deus é fidelidade, e não há nele injustiça; é justo e reto" (DEUTERONÔMIO 32:4). Deus "estabeleceu um dia em que há de julgar o mundo com justiça, por meio de um varão que destinou e acreditou diante de todos, ressuscitando-o dentre os mortos" (ATOS 17:31). Exaltemos o Juiz perfeito!

*Ele mantém um relacionamento sublime e santo* (SALMO 99:6-9). Minha mulher e eu visitamos Londres muitas vezes, mas nunca tentamos passar pelos guardas nos portões do Palácio de Buckingham nem forçar caminho para ver a rainha. Mas os filhos de Deus podem aproximar-se corajosamente do trono da graça e ter comunhão com o Senhor. O salmista cita Moisés, Arão e Samuel, todos grandes homens, mas temos mais privilégios em Cristo do que eles. Arão podia entrar no Santo dos Santos apenas uma vez por ano, mas nós habitamos "no esconderijo do Altíssimo" (SALMO 91:1). Podemos falar com Deus, e Ele fala conosco por meio de Sua Palavra. Ele é um Deus que nos perdoa quando confessamos nossos pecados (1 JOÃO 1:9). À medida que o adoramos, a grandeza de Seus atributos nos fascina e nos transforma. Que privilégio temos no trono da graça!

"Ó Senhor, tu és o meu Deus; exaltar-te-ei a ti e louvarei o teu nome..." (ISAÍAS 25:1).

# 44

> Bendize, ó minha alma, ao SENHOR e não te **esqueças
> de nem um só de seus benefícios** (SALMO 103:2).

A palavra *benefício* deriva de duas palavras latina que, juntas, significam "fazer o bem". Porque Deus *é* bom, Ele *faz* o bem. Deus não pode fazer o mal. O que Ele faz talvez não pareça bom para nós no momento, mas, se Deus faz, é bom — até o espinho na carne de Paulo (2 CORÍNTIOS 12:7-10). "Sabemos que todas as coisas cooperam para o bem daqueles que amam a Deus, daqueles que são chamados segundo o seu propósito" (ROMANOS 8:28). Há três elementos envolvidos nesse assunto de bênção do Senhor por Seus benefícios.

*Memória — lembrando-nos do Senhor.* Em meu ministério pastoral, tenho visitado pessoas cuja mente está afetada pela demência, e essas visitas geralmente me deprimem. Quando a memória para de funcionar, as pessoas não se conhecem, não conhecem os outros, não sabem onde estão nem por que estão lá. A memória é uma dádiva preciosa de Deus, no entanto, nós não lhe damos o devido valor. Imagine se todas as manhãs tivéssemos de reaprender nosso nome e endereço, o alfabeto, o sistema numérico e os nomes das pessoas com quem convivemos. Viveríamos quase isolados da realidade. O povo de Israel se esquecia com frequência de Deus e adorava os ídolos das nações vizinhas, e Deus teve de disciplinar Seu povo. Em seu discurso de despedida a Israel, no livro de Deuteronômio, Moisés repetiu muito as palavras "lembra-te" e "não te esqueças", algumas vezes disse: "Lembrar-te-ás de que foste escravo no Egito". Sempre que se esquecia de quem era e do que Deus havia feito por ele, o povo de Israel pecava e pagava caro por sua desobediência. Toda igreja local deveria ter um "Domingo da Herança" anual e revisar a história da igreja para educar os novos membros e lembrar a cada um o que Deus fez. Perder sua história é perder sua identidade.

*Misericórdia* — *agradecendo ao Senhor.* O Senhor deu aos israelitas o sábado semanal e as sete "festas" anuais para lembrar-lhes de Sua graça e misericórdia (LEVÍTICO 23). A nação também construiu memoriais especiais para testemunhar os principais eventos históricos. As igrejas se reúnem no Dia do Senhor para comemorar a ressurreição de Cristo, e o povo se lembra de Sua morte e segunda vinda quando se reúne à Mesa do Senhor. Temos também datas especiais como Natal, Sexta-feira Santa, Domingo de Páscoa e Domingo da Reforma, todos em memória de eventos especiais na História da Igreja. Tanto a igreja de Éfeso quanto a igreja de Sardes necessitaram que suas lembranças fossem reavivadas (APOCALIPSE 2:5; 3:3) e talvez algumas igrejas de hoje tenham a mesma necessidade.

*Ministério* — *servindo ao Senhor.* Comemorar as obras passadas de Deus não significa desprezar as presentes e as futuras. Mas recordar os eventos passados pode ajudar-nos a receber um novo entendimento espiritual e motivação para servirmos ao Senhor hoje e planejarmos o futuro. Um famoso filósofo escreveu: "Aquele que não conhece o passado está condenado a repeti-lo". Quando Paulo se encontrou com os presbíteros de Éfeso, ele relembrou o passado a fim de avaliar o presente e planejar o futuro (ATOS 20:17-38). Se as equipes esportivas se aperfeiçoam quando assistem aos *replays* de suas jogadas, não podemos também relembrar o passado e nos tornar cristãos melhores?

A gratidão é o elemento principal da vida cristã. Em vez de imitar Israel e esquecer as bênçãos de Deus e Seu conselho (SALMO 106:13), devemos louvá-lo e comemorar Sua bondade para conosco. Deus não se esquece de nós, e não há motivo para nos esquecermos dele.

"Mas [...] não me esquecerei de ti. Eis que nas palmas das minhas mãos te gravei..." (ISAÍAS 49:15,16).

# 45

> *Disse o SENHOR ao meu senhor:* **Assenta-te à minha direita,** *até que eu ponha os teus inimigos debaixo dos teus pés* (SALMO 110:1).

Por pelo menos duas razões, precisamos prestar muita atenção a este salmo. Primeira, ele trata de Jesus e de Seu ministério à Sua Igreja de hoje; e segunda, os autores do Novo Testamento citam-no ou referem-se a ele mais do que a qualquer outro. O salmo registra o que o Pai disse ao Filho quando Jesus retornou ao céu, e ressalta várias verdades importantes a respeito do Salvador.

*Jesus é o Salvador vivo.* Ele concluiu Sua obra redentora na Terra (JOÃO 19:30), portanto não está na cruz ou no túmulo. Ele está vivo! Que transformação os apóstolos vivenciaram quando entenderam essa verdade! Podemos viver e servir Jesus hoje no "poder da sua ressurreição" (FILIPENSES 3:10) porque Cristo vive em nós por Seu Espírito (GÁLATAS 2:20). O Espírito deseja capacitar-nos hoje, para que sejamos testemunhas de Jesus e de Seu evangelho. O mundo acha que Jesus é um mestre antigo e que está morto, mas o Espírito quer usar-nos para demonstrar que Ele está vivo e age neste mundo. Estamos disponíveis?

*Jesus é o Salvador exaltado.* Durante Seus dias de ministério na Terra, Jesus foi um servo sofredor obediente, mas Deus "o exaltou sobremaneira" (FILIPENSES 2:9) e "ressuscitou-o dentre os mortos, fazendo-o sentar à sua direita nos lugares celestiais, acima de todo principado, e potestade, e poder, e domínio..." (EFÉSIOS 1:20,21). Não existe, não existiu nem existirá uma pessoa na Terra cujo nome seja mais alto que o de nosso Senhor no céu. Tudo está "debaixo [de seus] pés" (v.22) e Ele está no controle total. Por que deveríamos ser tímidos e medrosos?

*Jesus é o Salvador reinante.* Nosso Senhor não precisa voltar à Terra para ser Rei, porque Ele já é rei! "Toda autoridade me foi dada no céu e na terra", Ele disse aos discípulos antes de dar-lhes a Grande Comissão e depois subir ao céu (MATEUS 28:18-20). É nessa autoridade, não em nossa habilidade, que devemos sair para testemunhar e expandir Seu reino. Podemos "reinar na vida" porque Ele reina no céu (ROMANOS 5:17). Além do mais, o Pai "nos ressuscitou, e nos fez assentar nos *lugares* celestiais em Cristo Jesus" (EFÉSIOS 2:6). Até que altura podemos chegar e quanta autoridade a mais podemos receber?

*Jesus é o Salvador ministrante.* "Ora [...] possuímos tal sumo sacerdote, que se assentou à destra do trono da Majestade nos céus" (HEBREUS 8:1). A epístola aos hebreus explica o atual ministério do Senhor no céu e capacita Sua Igreja a servir na Terra. Mas não tenha a falsa noção de que o Pai está zangado conosco, de modo que Jesus tenha de interceder por nós para recebermos a ajuda de que necessitamos. O Pai e o Filho trabalham juntos para nos aperfeiçoar e nos capacitar a glorificar ao Senhor. Jesus é o grande Sumo Sacerdote que conhece nossas fraquezas e dá-nos a graça para nos ajudar em tempos de dificuldades (4:14-16).

Deus colocou todas as coisas debaixo dos pés de Jesus para que Jesus pusesse todos os nossos inimigos debaixo de nossos pés e nos desse uma vida de vitória e alegria (2:5-9; ROMANOS 16:20). Não lutamos *pela* vitória em nossa própria força, mas pela que vem *da* vitória, a vitória que Jesus conquistou por nós (EFÉSIOS 1:19-23). Quando lemos a Palavra diariamente, meditamos nela, rendemo-nos ao Espírito e *exercitamos a fé*, recebemos de Jesus tudo o que necessitamos para desmascarar e derrotar o inimigo.

"Deste-lhe domínio sobre as obras da tua mão
e sob seus pés tudo lhe puseste" (SALMO 8:6).

# 46

> *Baixem sobre mim as tuas misericórdias, para que eu viva; pois na* **tua lei está o meu prazer** (SALMO 119:77).

Tudo aquilo que nos dá prazer nos direciona, e tudo aquilo que nos direciona determina nosso destino; portanto, precisamos ser cuidadosos para cultivar o apetite espiritual. "Bem-aventurados os que têm fome e sede de justiça, porque serão fartos" (MATEUS 5:6). Quando temos prazer na Palavra de Deus, temos também prazer na vontade de Deus. Jesus disse: "A minha comida consiste em fazer a vontade daquele que me enviou e realizar a sua obra" (JOÃO 4:34). Ou o mal é doce em nossa boca (JÓ 20:12) ou a Palavra de Deus é ainda "mais [doce] que o mel" em nossa boca (SALMO 119:103). "Oh! Provai e vede que o SENHOR é bom..." (34:8).

Deus é soberano e governa o Universo. Impôs leis explícitas a todos os reinos — mineral, vegetal, animal, humano e ao reino espiritual de Deus. Se desprezarmos essas leis, as consequências serão dolorosas e talvez fatais. Aprendemos as leis e os princípios do reino de Deus com a Sua Palavra e quando obedecemos ao que aprendemos. "Antes, o seu prazer está na lei do SENHOR, e na sua lei medita de dia e de noite" (1:2).

Tenho a liberdade de dirigir um carro porque possuo carteira de habilitação, mas, para obter essa carteira, tive de estudar um manual, ser treinado por um motorista credenciado e ser bem-sucedido no teste prático. Se eu obedecer às leis de trânsito, tenho liberdade para dirigir. Os cientistas são capazes de estudar os minerais, as plantas, os animais, os seres humanos e as galáxias porque o Criador impôs leis a esses reinos, leis que não mudam. A NASA pode enviar astronautas ao espaço e trazê-los de volta à Terra em segurança porque seus técnicos entendem essas leis e as obedecem.

Por que o povo de Deus não tem mais prazer em ler e estudar a Palavra de Deus? O Espírito Santo que inspirou a Bíblia habita em cada cristão e exorta-nos a separar um tempo todos os dias para meditar na Bíblia e orar, mas algumas pessoas estão atarefadas demais para "ter tempo para ser santo". Ou talvez ninguém lhes ensinou como e por que devem meditar na Bíblia. Demora um pouco para que as crianças aprendam a comer sozinhas e a *gostar dos alimentos certos*. Se comerem muitos "salgadinhos" entre as refeições, não terão apetite para uma boa nutrição.

Se o povo de Deus se concentrasse no que a Palavra de Deus é, seria mais motivado a fazer da Bíblia o livro mais importante que possui. A Bíblia é tudo o que necessitamos para desenvolver a maturidade espiritual. É alimento para crescer (SALMO 119:103; MATEUS 4:4; 1 PEDRO 2:2; HEBREUS 5:12-14), água para purificação (SALMO 119:9; JOÃO 15:3; EFÉSIOS 5:26), luz para nos guiar (SALMO 119:105,130), espada para nos proteger (EFÉSIOS 6:17; HEBREUS 4:12), ouro para nos enriquecer (SALMO 119:14,72,127,162) e verdade para nos transformar (JOÃO 17:17).

Parece que sempre encontramos tempo para fazer coisas das quais mais gostamos, quer seja dar um cochilo, fazer compras, pescar ou enviar e receber e-mails. O Salmo 119:147,148 informa-nos que o salmista se levantava de manhãzinha para meditar na Palavra e também meditava nela no meio da noite. "Lembro-me, SENHOR, do teu nome, durante a noite, e observo a tua lei" (v.55). "Levanto-me à meia-noite, para te dar graças, por causa dos teus retos juízos" (v.62).

Se Pedro, Tiago e João não estivessem sonolentos no monte da Transfiguração, poderiam ter aprendido muito quando Jesus conversou com Moisés e Elias (LUCAS 9:32). Se Êutico não tivesse adormecido, teria se beneficiado do discurso de Paulo e não teria caído da janela (ATOS 20:7-12). Vamos acordar e levantar para estudar a Palavra de Deus.

"E digo [...] já é hora de vos despertardes do sono; porque a nossa salvação está, agora, mais perto do que quando no princípio cremos" (ROMANOS 13:11).

# 47

> **Clamo a ti; salva-me**, *e guardarei os teus testemunhos* (SALMO 119:146).

A ênfase do Salmo 119 está na Palavra de Deus e no que ela pode fazer em nossa vida se nos deleitarmos nela e fizermos o que ela diz. Há, porém, outros temas neste salmo que não podemos deixar de lado, e a oração é um deles. O salmista clamou ao Senhor (vv.145-147,169) e há evidência de que o Senhor lhe respondeu. Nessa experiência, aprendemos algumas verdades básicas sobre a oração.

*O homem piedoso tem inimigos.* Qualquer um que pensar que a vida cristã é uma viagem pacífica em um mar calmo não passou muito tempo lendo o Novo Testamento. "Bem-aventurados os perseguidos por causa da justiça", disse Jesus, "porque deles é o reino dos céus" (MATEUS 5:10); e Paulo escreveu: "Ora, todos quantos querem viver piedosamente em Cristo Jesus serão perseguidos" (2 TIMÓTEO 3:12). Se os ímpios perseguiram Jesus, certamente perseguirão quem segue a Jesus e o serve (JOÃO 15:18-25). Um homem me disse: "Eu não falo nada. Apenas vivo e esse é o meu testemunho". Mas se sua vida for diferente da vida do resto do mundo, as pessoas notarão e lhe perguntarão o motivo, e essa é sua oportunidade de testemunhar. O salmista foi atacado por príncipes (SALMO 119:23) e os perversos inventaram mentiras contra ele (vv.53,61,69). Os malfeitores o oprimiram (vv.115,121,122) e os infratores da lei inconstantes desprezaram-no (vv.113,136,141). Os cristãos são a luz do mundo, mas o mundo ama as trevas mais do que a luz porque a luz expõe suas más ações (JOÃO 3:18-21).

*O homem piedoso pode orar pela ajuda de Deus.* O salmista suplicou ao Senhor e clamou pela ajuda de que necessitava (vv.145-147,169). Em Atos 4:23-31, a Igreja Primitiva mostra-nos um bom exemplo de como devemos orar quando o mundo se opõe a nós. Os cristãos não pediram a Deus que retirasse as autoridades nem que protegesse a Igreja da perseguição. Pediram intrepidez ao Senhor para continuar a testemunhar aos perdidos! A Igreja Primitiva não via a perseguição como motivo para desistir, mas como oportunidade para testemunhar aos líderes em Jerusalém. É triste ver que as reuniões de oração nas igrejas foram reduzidas ao mínimo nos anos recentes. Talvez haja necessidade de um pouco de perseguição.

*O homem piedoso conecta a oração com a Palavra de Deus.* Os cristãos que oravam em Atos 4 conheciam as Escrituras do Antigo Testamento, a única Bíblia que possuíam. Citaram de memória dois versículos do Salmo 2 e os aplicaram à situação. Quando oramos no Espírito, ele nos traz à mente os versículos que conhecemos e dá-nos as promessas para nos apossarmos delas. A Igreja estava seguindo o exemplo dos apóstolos que disseram: "e, quanto a nós, nos consagraremos à oração e ao ministério da palavra" (ATOS 6:4). A Palavra e a oração precisam andar juntas sempre. Oração sem a Palavra é calor sem luz, e a Palavra sem oração é luz sem calor! Jesus disse que necessitamos de luz e calor. "Se permanecerdes em mim, e as minhas palavras permanecerem em vós, pedireis o que quiserdes, e vos será feito" (JOÃO 15:7). Samuel, o líder piedoso do Antigo Testamento, ensinou a mesma verdade. "Quanto a mim, longe de mim que eu peque contra o SENHOR, deixando de orar por vós; antes, vos ensinarei o caminho bom e direito" (1 SAMUEL 12:23). A oração e a Palavra!

Chegue a ti, SENHOR, a minha súplica;
dá-me entendimento, segundo a tua palavra"
(SALMO 119:169).

# 48

**Profiram louvor os meus lábios**, *pois me ensinas os teus decretos* (SALMO 119:171).

Aqui está um cristão de *vida equilibrada*. Não sabemos quem escreveu o Salmo 119, mas sabemos quais eram os interesses de seu coração: aprender a Palavra de Deus, orar por ele mesmo e pelos outros e louvar ao Senhor pela oração respondida. A vida do salmista não era nada fácil, mas ele tinha uma vida equilibrada, pois passava tempo lendo a Palavra, orava e dava graças a Deus. Um amigo meu dizia: "Bem-aventurados os equilibrados, porque não quebrarão a cara". Se dedicarmos um tempo todos os dias à Palavra, à oração e ao louvor, Deus fará o restante. É bom sermos alunos dedicados ao estudo da Bíblia e crescer no conhecimento do Senhor, mas precisamos ser cuidadosos para não abarrotar a mente e esvaziar o coração. "O saber ensoberbece, mas o amor edifica" (1 CORÍNTIOS 8:1). Além de estudar, precisamos orar de tal forma que a oração permita que o Espírito Santo nos transforme mediante a Palavra (2 CORÍNTIOS 3:18). No entanto, a adoração também é essencial, porque quando adoramos a Deus, desviamos o olhar de nós e de nossas necessidades e nos envolvemos com a graça e a glória do Senhor. Tanto a oração a sós como a oração em grupo ajudam a centrar nosso coração e mente no Senhor, e isso nos encoraja e nos capacita em nossa caminhada e trabalho.

Aqui está um cristão de *vida disciplinada*. Se os discípulos não forem disciplinados, há algo errado com o discipulado deles. O salmista se levantava antes do amanhecer para passar tempo com o Senhor (SALMO 119:147) e também permanecia em comunhão com Deus durante as vigílias da noite (v.148). "Levanto-me à meia-noite para te dar graças..." (v.62). Paulo e Silas transformaram a meia-noite em uma hora milagrosa enquanto oravam a Deus e o louvavam na prisão em Filipos, e muitas pessoas foram salvas (ATOS 16:25-34). Mas o salmista escreveu também: "Quanto amo a tua lei! É a minha meditação, todo o dia!" (SALMO 119:97). Não existe aqui uma sugestão para que os cristãos deixem seu trabalho de lado e leiam apenas a Bíblia. O evangelista D. L. Moody advertia os cristãos contra o fato de "ter a mente tão celestial a ponto de não fazer nada de bom na Terra". Vivemos em um mundo real, com pessoas reais, e não podemos deixar de lado nossas responsabilidades humanas. Nossa devoção ao Senhor deve nos tornar pessoas melhores — como cidadãos, membros de família, vizinhos e trabalhadores.

Aqui está um cristão de *vida submissa*. Seu coração, mente e vontade (vv.7,8) e seus lábios e língua (vv.171,172) pertenciam ao Senhor e assim o seu tempo. "Sete vezes no dia, eu te louvo..." (v.164). Louvar ao Senhor sete vezes no dia será um abençoado "hábito santo" que ajudará a transformar sua vida. O salmista pediu a Deus que lhe desse "bom juízo e conhecimento" (v.66), bem como conhecimento da Palavra. A vida submissa tem prioridades; nossa escolha não se baseia simplesmente entre o bom e o mau, mas também entre o melhor e o ótimo. Buscamos "em primeiro lugar, o reino de Deus e sua justiça" (MATEUS 6:33) e damos o lugar de primazia a Jesus (COLOSSENSES 1:18). Devemos dizer com Davi: "Quanto a mim, confio em ti, SENHOR [...]. Nas tuas mãos, estão os meus dias..." (SALMO 31:14,15).

Aqui está um cristão de vida *motivada pelo amor*. Se quisermos que nossos lábios louvem a Deus, nosso coração precisa estar cheio de amor por Deus, pela Sua Palavra, pelo Seu povo e pelo serviço a Ele (119:47,48,97,132,140,165). O coração dedicado ao Senhor ajuda a orientar a mente e a disciplinar a vontade.

"Pois o amor de Cristo nos constrange..."
(2 CORÍNTIOS 5:14).

## 49

**Contigo, porém, está o perdão**, *para que te temam*
(SALMO 130:4).

Os cristãos que examinam sinceramente o próprio coração sabem quando necessitam do perdão de Deus. O Espírito Santo tem uma forma carinhosa de nos fazer sentir culpados. Aqueles que não examinam seu coração fingem que são justos e se recusam a encarar os fatos. "Se dissermos que não temos pecado nenhum, a nós mesmos nos enganamos, e a verdade não está em nós" (1 JOÃO 1:8).

Quando sabemos que pecamos, sabemos que só o Senhor pode nos perdoar. Judas confessou seus pecados aos líderes religiosos, mas eles não puderam ajudá-lo. Devastado pelo peso da culpa, ele saiu do recinto e enforcou-se. Pedro também havia pecado, mas derramou lágrimas amargas de arrependimento e resolveu o assunto em particular com Jesus (LUCAS 24:34; 1 CORÍNTIOS 15:5).

"Homem, estão perdoados os teus pecados", Jesus disse ao paralítico que foi descido pelo telhado da casa onde Jesus estava ensinando (LUCAS 5:20). Essa afirmação aborreceu os líderes religiosos presentes e eles o acusaram de blasfêmia, mas Jesus é Deus e Ele perdoa pecados. Jesus disse à ex-prostituta que chorava: "Perdoados são os teus pecados [...]. A tua fé te salvou; vai-te em paz" (7:48,50). Essas palavras também ofenderam os líderes religiosos, mas deram uma nova vida e um novo começo à mulher.

Jesus é o Filho de Deus e o Salvador do mundo, portanto tem autoridade para perdoar pecados. Sua morte sacrificial na cruz e Sua triunfante ressurreição possibilitaram que os pecadores fossem perdoados e que nascessem na família de Deus. "[Nele] temos a redenção, pelo seu sangue, a remissão dos pecados, segundo a riqueza da sua graça" (EFÉSIOS 1:7). Esse milagre não resulta de nossas boas obras, porque a salvação é um dom inteiramente de Deus. Graça é o amor que paga o preço para salvar pessoas que não merecem. Deus em Sua graça nos dá o que não merecemos, e em Sua misericórdia não nos dá o que merecemos. Jesus não mereceu o castigo; *nós o merecemos*.

Nos tempos do Antigo Testamento, em cada Dia da Expiação (LEVÍTICO 16) dois bodes eram colocados diante do santuário. O sumo sacerdote matava um dos bodes e levava um pouco de seu sangue para dentro do véu do Santo dos Santos e aspergia-o sobre o propiciatório de ouro em cima da arca. Depois saía, colocava a mão na cabeça do bode vivo e confessava os pecados da nação. Um homem levava o bode vivo ao deserto, e o animal nunca mais era visto. Temos aqui duas representações do perdão: o sangue cobrindo os pecados do povo e os pecados levados para longe, para nunca mais serem vistos. "Quanto dista o Oriente do Ocidente, assim afasta de nós as nossas transgressões" (SALMO 103:12).

E então? O povo certamente se alegrava por saber que estava perdoado. "Bem-aventurado aquele cuja iniquidade é perdoada, cujo pecado é coberto" (SALMO 32:1). O sangue dos animais cobria os pecados do povo, mas "o sangue de Jesus, seu Filho, nos purifica de todo pecado" (1 JOÃO 1:7). Essas palavras devem nos aproximar do Senhor de tal modo que o amaremos mais e nos dedicaremos mais uma vez a fazer Sua vontade. "Servi ao SENHOR com temor e alegrai-vos nele com tremor" (SALMO 2:11). Não somos perdoados para repetir nossos PECADOS, mas para ir e não pecar mais (JOÃO 8:11). Não é fácil manter o equilíbrio entre o temor piedoso e a alegria piedosa, mas esse é um dos elementos essenciais para a vida piedosa.

"Que diremos, pois? Permaneceremos no pecado, para que seja a graça mais abundante? De modo nenhum..." (ROMANOS 6:1,2).

# 50

> SENHOR, **o meu coração não é orgulhoso** *e os meus olhos não são arrogantes. Não me envolvo com coisas grandiosas nem maravilhosas demais para mim*
> (SALMO 131:1 NVI).

Não podemos ficar parados na vida cristã, porque, se assim for, logo começaremos a andar para trás e a perder terreno. A melhor maneira de evitar esse perigo é estar em movimento constante em direção à maturidade espiritual (HEBREUS 6:1). Deus quer que cresçamos "na graça e no conhecimento de nosso Senhor e Salvador Jesus Cristo" (2 PEDRO 3:18). Se temos hábitos saudáveis, a maturidade física é automática. A maturidade social é aprendida aos poucos, mas a maturidade espiritual exige disciplina, devoção, sacrifício e serviço. Considere estas possibilidades.

*Podemos continuar a ser bebês espirituais.* O desmame é uma experiência crítica para as crianças porque elas pensam que foram rejeitadas por uma mãe que não as ama mais. Elas não sabem que o desmame é uma prova de que a mãe realmente as ama e quer propiciar-lhes a liberdade de crescer. As crianças acham que ser dependentes da mãe é uma situação confortável e segura e não querem perdê-la, mas a perda é essencial para elas encontrarem a liberdade e as oportunidades para amadurecerem. Isso exige humildade, submissão e obediência por parte da criança; caso contrário, a mãe terá de conviver com um filho mimado, egoísta, desobediente e exigente. O mesmo ocorre na vida espiritual: o Senhor nos desmama carinhosamente das coisas temporárias da infância que nos fascinam (1 CORÍNTIOS 13:11) e nos oferece alimento sólido em lugar de leite (HEBREUS 5:12-14).

*Podemos fingir ser maduros.* Significa "manter as aparências" e nos interessar por assuntos adultos sobre os quais não sabemos nada. Levamos uma volumosa Bíblia de estudo à igreja, mas não a abrimos durante a semana inteira. Assistimos a várias palestras e guardamos as anotações em uma gaveta, sem nunca as aplicar à nossa vida. Aceitamos oportunidades de servir que vão além de nossas possibilidades, mas, com o tempo, nossa contribuição passa a ser zero. À semelhança da igreja de Sardes, temos um nome no livro da vida, mas estamos mortos (APOCALIPSE 3:1-6). G. Campbell Morgan dava a isso o nome de "reputação sem verdade", e Jesus chamou de hipocrisia. Porém, os disfarces acabam um dia e as máscaras caem; descobrimos, então, que não fomos semelhantes às crianças; fomos infantis e nossa suposta humildade exala orgulho. As crianças que fingem ser adultas são grotescas, não fofinhas, e ninguém as leva a sério.

*Podemos pagar o preço e começar a amadurecer.* A maturidade espiritual não é um destino, é uma jornada; e esta só terminará quando nos encontrarmos com Jesus — e então uma nova jornada terá início. As pessoas maduras se conhecem, aceitam-se, aperfeiçoam-se e se entregam ao Senhor para servir aos outros. Sabem o que podem fazer e onde se "encaixam", e não se esforçam para ter autoridade e visibilidade. Apenas confiam que Deus as ajudará a realizar bem a obra que lhes cabe para a glória de Jesus. Há mais ministérios prejudicados pelo orgulho do que por qualquer outro pecado. O orgulho nos rouba, mas a humildade nos torna receptivos e nos recompensa com crescimento espiritual que nem sempre conseguimos detectar.

Li a respeito de um membro de um conselho que quase sempre se opunha à ideia de mudanças, dizendo: "Se eu agir assim, poderei tropeçar, e a Bíblia condena isso". Finalmente o pastor replicou: "Sugiro que você cresça e aprenda a andar, para que não tropece tanto". Um coração orgulhoso e olhos arrogantes podem causar muito estrago.

"...Deus resiste aos soberbos, contudo,
aos humildes concede a sua graça"
(1 PEDRO 5:5).

# 51

> *Ele envia as suas ordens à terra,* **e sua palavra corre velozmente** (SALMO 147:15).

Está ficando cada vez mais difícil receber e digerir as notícias, seja sobre política, esporte, economia ou as apenas divulgadas nos noticiários locais. Por quê? Porque são muitas (chamam isso de sobrecarga de informações) e em grande parte desanimadoras. Porém, os cristãos podem enfrentar os fatos com coragem e manter um espírito manso *porque Deus está agindo no mundo neste instante*. Sua Palavra é viva e eficaz (HEBREUS 4:12) e sempre cumpre Seus propósitos (ISAÍAS 55:10,11). Os servos de Deus podem ser encarcerados, mas a Palavra de Deus não pode ser aprisionada (2 TIMÓTEO 2:9). O Salmo 147 menciona que Deus está agindo hoje na natureza (vv.8,9,15-18) e nos assuntos das cidades e nações (vv.2-5,12-14,19,20), principalmente de Israel. Deus usou reis pagãos como Nabucodonosor, Dario e até César a fim de cumprir Seus planos para Israel.

Não é apenas a Palavra viva de Deus que está agindo agora neste mundo. *Deus está também usando Seu povo para divulgá-la*. Paulo elogiou os cristãos de Tessalônica porque, como tocadores de trombeta, eles "ecoaram" o evangelho a uma área de quilômetros ao redor (1 TESSALONICENSES 1:8,9). Isso me trouxe à memória os mensageiros reais que o rei da Pérsia enviou a seus súditos judeus para contar a boa notícia sobre a libertação deles. "Os mensageiros, montando cavalos das estrebarias do rei, saíram a galope, por causa da ordem do rei..." (ESTER 8:14 NVI). Nosso Rei ordenou que levemos o evangelho a todas as nações, e temos melhores condições de fazer isso que os mensageiros da época de Ester. Por que demorar? Mais de um missionário pioneiro já ouviu esta pergunta: "Há quanto tempo seu povo conhece o evangelho? Por que você não veio antes?". Fazemos ou não parte da equipe mundial de Deus para proclamar a mensagem do evangelho?

O povo de Deus sustenta esses mensageiros com oração. "Finalmente, irmãos, orai por nós, para que a palavra do Senhor se propague e seja glorificada…" (2 TESSALONICENSES 3:1). A Palavra está em movimento, mas precisamos sustentá-la com oração (ATOS 6:4). Se orarmos com fé, Deus removerá os obstáculos e dará as oportunidades de que Seus obreiros necessitam (1 CORÍNTIOS 16:9). Talvez Deus não aja tão rápido quanto desejamos e, às vezes, chegamos a perguntar: "Até quando, Senhor? Até quando?". Mas Deus promete que "…a seu tempo, ceifaremos, se não desfalecermos…" (GÁLATAS 6:9). Creio que a oração sincera é a maior necessidade de nossas igrejas nos dias de hoje. Apesar de seus dons e instrução excelentes, Paulo pediu repetidas vezes às igrejas que orassem por ele, porque os dons e o treinamento sem oração não têm poder para realizar a vontade de Deus. Paulo orou pelas igrejas e pelos membros das igrejas. Estamos seguindo seu exemplo?

A Palavra de Deus está correndo velozmente pelo mundo, embora não possamos ver tudo o que o Senhor está realizando; mas um dia, no céu, veremos como o Senhor usou nossos investimentos financeiros e nossas orações para acelerar Sua atuação no mundo. Nosso texto diz que Deus "envia suas ordens à terra". Deus "agora [...] notifica aos homens que todos, em toda parte, se arrependam" (ATOS 17:30). O evangelho não é simplesmente uma mensagem; é uma ordem do Rei! As empresas comerciais levam sua mensagem e seus produtos a quase todas as partes do mundo. Por que não podemos fazer o mesmo com a boa-nova do evangelho?

"…Não temais; eis aqui vos trago boa-nova
de grande alegria, que o será para todo o povo"
(LUCAS 2:10).

# 52

> Meu filho [...] **se der ouvidos à sabedoria** e inclinar o coração para o discernimento (PROVÉRBIOS 2:1,2 NVI).

A sabedoria é o tema principal do livro de Provérbios. Ela significa o uso habilidoso do conhecimento e experiência quando obedecemos ao Senhor, para que Ele possa desenvolver nosso caráter e nos tornar bem-sucedidos. Sucesso nem sempre significa riqueza material; significa o enriquecimento de nossa vida para que possamos enriquecer a outros. Há cinco fatores envolvidos para recebermos essas bênçãos.

*Intenção.* Algumas pessoas leem a Bíblia todos os dias apenas por hábito ou para aquietar a consciência, mas nenhuma dessas atitudes é adequada. Nossa intenção deve ser a de agradar o Senhor, aprender mais a respeito dele e crescer em graça, para que possamos servi-lo melhor. Queremos cultivar um relacionamento enriquecedor com Deus por meio de Suas palavras "Porque são vida para quem [as] acha e saúde, para o seu corpo" (PROVÉRBIOS 4:22). A Bíblia deveria ser lida como uma carta de amor, não como um manual sobre como protocolar o imposto de renda ou consertar o cortador de grama. "Desejai, [...] como crianças recém-nascidas, o genuíno leite espiritual, para que, por ele, vos seja dado crescimento para salvação" (1 PEDRO 2:2).

*Atenção.* "Ouvi, filhos, a instrução do pai e estai atentos para conhecerdes o entendimento" (PROVÉRBIOS 4:1). Não importa se estamos lendo a Bíblia em pé, sentados ou deitados na cama. Nosso coração, mente e vontade precisam estar atentos o tempo todo, prontos para aprender e obedecer. "Vede, pois, como ouvis..." (LUCAS 8:18), disse Jesus. Não importa se estamos lendo a Bíblia sozinhos ou ouvindo sua leitura na congregação. Precisamos prestar atenção; é Deus quem está falando. Os olhos e os ouvidos de nosso coração precisam estar abertos (EFÉSIOS 1:17,18; 2 TIMÓTEO 4:4) para ver e ouvir a verdade. Ler ou ouvir como se fosse uma rotina é perder a mensagem que Deus tem para nós. O inimigo fará o possível para nos distrair, mas precisamos resistir a ele e manter a atenção concentrada em Deus e em Sua Palavra.

*Meditação*. A meditação é para a pessoa interior o mesmo que a digestão é para a pessoa exterior: transforma a verdade em uma parte do nosso ser. Precisamos acolher as Escrituras com alegria, como uma dádiva de Deus em vez de tratá-la como um livro qualquer (1 TESSALONICENSES 2:13). Os outros livros instruem a mente, mas a Bíblia também alimenta e fortalece o coração (MATEUS 4:4; JEREMIAS 15:16). Meditar significa refletir na passagem, relacioná-la com outras passagens e aplicá-la à vida pessoal. Gosto de examinar as referências cruzadas e ver como a Escritura explica a Escritura. Uma vez que a Palavra do Senhor é nosso alimento espiritual, precisamos ter uma dieta equilibrada e não ler apenas os livros e as passagens dos quais mais gostamos.

*Adoração*. Quando somos abençoados pelas Escrituras, precisamos elevar nosso coração e adorar o Senhor: "Render-te-ei graças com integridade de coração, quando tiver aprendido os teus retos juízos" (SALMO 119:7). A Bíblia e a adoração caminham juntas (COLOSSENSES 3:16,17) e, à medida que somos abastecidos com a Palavra de Deus, passamos a adorar o Senhor ainda mais. Não adoramos a Bíblia; adoramos o Deus que nos deu a Bíblia.

*Aplicação*. "Tornai-vos, pois, praticantes da palavra e não somente ouvintes, enganando-vos a vós mesmos" (TIAGO 1:22). A única Escritura que trabalha em prol de nossa vida e nos ajuda a crescer é aquela à qual obedecemos. Podemos sentar diante de uma mesa de refeições e admirar os vários alimentos, mas se não ingerirmos o que está à nossa frente, não extrairemos os benefícios do alimento. Não basta ler a receita. Precisamos mastigar, engolir e digerir o alimento, o que significa ler as Escrituras, meditar nelas e obedecer aos mandamentos de Deus.

"Santifica-os na verdade; a tua palavra é a verdade"
(JOÃO 17:17).

# 53

> *Reconhece-o em todos os teus caminhos, e* **ele endireitará as tuas veredas** (PROVÉRBIOS 3:6).

Provérbios 3:5,6 são versículos que muitos de nós aprendemos no início de nossa vida cristã, porque, se quisermos agradar o Senhor, precisamos andar de acordo com Sua vontade. Mais ou menos três anos depois de eu ter sido salvo, o Senhor tornou o Salmo 16:11 o versículo de minha vida, e ele começa com estas palavras: "Tu me farás ver os caminhos da vida...". A vida cristã é uma jornada, não um estacionamento, e precisamos atender a algumas condições se quisermos permanecer em seu caminho, sem dar voltas e mais voltas.

*Precisamos entregar todo o nosso coração a Ele.* A caminhada cristã é uma jornada de fé, e não podemos confiar em dois mestres nem servir a dois senhores. As pessoas de ânimo dobre são instáveis em todos os seus caminhos (TIAGO 1:6-8). "Buscar-me-eis e me achareis quando me buscardes de todo o vosso coração" (JEREMIAS 29:13). Como uma futura noiva se sentiria se o noivo lhe dissesse: "Prometo ser fiel a você pelo menos 80% do tempo"? Ou como um cliente reagiria se o garçom dissesse: "Nossa água é 90% pura"? A devoção total a Cristo não é opção; é essencial. Devemos amar o Senhor, o nosso Deus, de todo o coração (MATEUS 22:37). Quando Jesus chamou Pedro, Tiago e João, eles deixaram tudo e o seguiram (LUCAS 5:11).

*Precisamos confiar inteiramente nele.* Fé é viver sem fingimento, é viver com a confiança de que Deus confirma o que diz e cumpre o que promete. Algumas pessoas levam os "grandes problemas" ao Senhor, mas tentam resolver os "assuntos menos importantes" sozinhas, e logo esses "assuntos menos importantes" se tornam "grandes problemas". A vontade de Deus procede do Seu coração e é uma expressão do Seu amor por nós individualmente. "O conselho do SENHOR dura para sempre; os desígnios do seu coração, por todas as gerações" (SALMO 33:11). Se lhe obedecermos, Ele se agradará de nós (37:23); se lhe desobedecermos, Ele nos disciplinará (HEBREUS 12:3-11). *Não devemos confiar em nós mesmos.* "Tens visto a um homem que é sábio a seus próprios olhos? Maior esperança há no insensato do que nele" (PROVÉRBIOS 26:12). "O que confia no seu próprio coração é insensato..." (28:26). Não significa que devemos desligar a mente e desprezar o treinamento e a experiência do passado; significa que não dependemos deles. "Enganoso é o coração, mais do que todas as coisas, e desesperadamente corrupto; quem o conhecerá?" (JEREMIAS 17:9). As situações ou experiências podem ser semelhantes, mas não são idênticas, e para saber a diferença precisamos da sabedoria que só o Senhor pode dar (TIAGO 1:5). *Precisamos buscar glorificar somente a Deus.* "Reconhece-o em todos os teus caminhos..." (PROVÉRBIOS 3:6). Significa que nosso propósito na vida é glorificar a Deus e não engrandecer a nós mesmos. "Portanto, quer comais, quer bebais ou façais outra coisa qualquer, fazei tudo para a glória de Deus" (1 CORÍNTIOS 10:31). Se confiarmos e obedecermos, o Senhor nunca nos conduzirá ao lugar onde Sua graça não nos possa ajudar a honrá-lo. Precisamos examinar nossa motivação com muito cuidado para discernir se estamos agradando a nós mesmos ou agradando ao Senhor. Às vezes, isso exige passar um tempo extra com a Palavra de Deus e em oração. Quando estamos cumprindo a vontade de Deus, podemos dar graças em tudo (1 TESSALONICENSES 5:18), porque andar nos caminhos difíceis da vida é uma prática que quase sempre glorifica Jesus e os demais.

Sim, podemos reunir informações, pedir conselhos a pessoas espirituais, orar, meditar na Palavra de Deus e tomar decisões. Contudo, precisamos lembrar o que Salomão escreveu: "O coração do homem traça o seu caminho, mas o SENHOR lhe dirige os passos" (PROVÉRBIOS 16:9). Precisamos ser receptivos ao Senhor e estar prontos para mudar à medida que Ele nos conduz.

"Eu sei, ó SENHOR, que não cabe ao homem determinar o seu caminho, nem ao que caminha o dirigir os seus passos" (JEREMIAS 10:23).

# 54

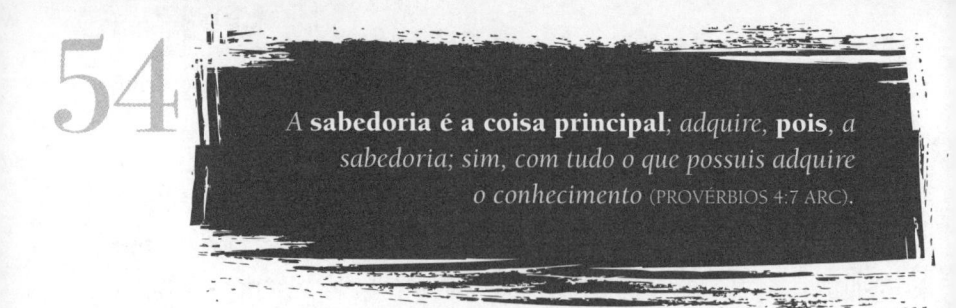

> **A sabedoria é a coisa principal**; *adquire,* **pois,** *a sabedoria; sim, com tudo o que possuis adquire o conhecimento* (PROVÉRBIOS 4:7 ARC).

A palavra "principal" deriva do latim *primus*, que significa "primeiro". A sabedoria é a primeira coisa, a mais importante, a coisa suprema. Por quê? A sabedoria é suprema porque *toca todas as áreas da vida*. No livro de Provérbios, Salomão mostra-nos que a sabedoria é necessária em casa, na vizinhança, no trabalho, no casamento, na criação dos filhos, no ganhar e no gastar dinheiro e em nossa caminhada com o Senhor. A sabedoria está para a mente da mesma forma que a coragem está para o coração e para a vontade. De que vale um corpo forte e habilidoso se não temos coragem para realizar o trabalho ou lutar na batalha? Que vantagem há em ter conhecimento, treinamento, experiência e oportunidades se carecemos de sabedoria para usá-los adequadamente? "O temor do Senhor é o princípio da sabedoria, e o conhecimento do Santo é prudência" (PROVÉRBIOS 9:10).

A sabedoria é suprema porque *transforma o aprendizado em vida*. De que vale uma boa instrução, até mesmo ter instrução na Bíblia, se não sabemos colocá-la em prática? É constrangedor ser famoso por ter "cérebro" e estar sempre fazendo a maior confusão com a vida. Em minha biblioteca há um livro intitulado *Why Smart People Do Dumb Things* (Por que pessoas inteligentes fazem coisas idiotas). Por quê? Um dos motivos é porque lhes falta sabedoria! Os cristãos devem ser discípulos, e talvez o equivalente mais próximo de "discípulo" seja *aprendiz*. Os aprendizes aprendem ouvindo o instrutor, observando-o trabalhar e depois fazendo o trabalho enquanto este os observa. Podemos ver nadadores olímpicos na televisão, ler livros sobre natação e ouvir palestras sobre natação, mas um dia vamos ter de mergulhar na piscina e nadar! Muitos cristãos que professaram a fé são bons em ouvir a Bíblia e aprender com ela, mas muito fracos quando se trata de obedecer o que ela diz. Os discípulos verdadeiros confiam que o Espírito Santo lhes dá sabedoria para pôr em prática o que aprenderam. Não são apenas ouvintes e leitores; são praticantes da Palavra. A sabedoria é suprema porque *transforma a vida em aprendizado*. A vida torna-se uma escola, não uma série de eventos, porque a sabedoria piedosa transforma os acontecimentos em experiência, e a experiência, em caráter. Há um número muito grande de cristãos que passam pela vida sem jamais aprender com a alegria ou com o sofrimento, com a dor ou com o prazer, com o sucesso ou com o fracasso. Como é trágico chegar ao fim da vida e descobrir que não vivemos realmente! O romancista e crítico britânico Aldous Huxley disse: "Experiência não é o que acontece a um homem. Experiência é o que o homem faz com o que lhe acontece". Acontecimentos são coisas que você escreve em seu diário. Experiência é o que Deus escreve em seu coração como consequência desses eventos. Ralph Waldo Emerson escreveu: "A vida é uma série de lições que precisam ser vividas para serem entendidas".

A sabedoria é suprema porque *abre caminho para a vida piedosa*. A sabedoria é um atributo de Deus. "Ó profundidade da riqueza, tanto da sabedoria como do conhecimento de Deus..." (ROMANOS 11:33). O Espírito Santo *é* o Espírito de conhecimento (ISAÍAS 11:2), e Jesus Cristo é a sabedoria de Deus (1 CORÍNTIOS 1:24; COLOSSENSES 2:3). As pessoas inteligentes adquirem dinheiro, poder e prestígio, e Deus pode usar essas coisas; mas as pessoas sábias vão além e aumentam sua riqueza e poder espirituais para a glória de Deus. Nosso mundo está cheio de conhecimento, mas "...a sabedoria deste mundo é loucura diante de Deus..." (1 CORÍNTIOS 3:19). A vida é curta e passa rapidamente, portanto precisamos começar desde cedo a aprender a adquirir sabedoria.

"Ensina-nos a contar os nossos dias, para que alcancemos coração sábio" (SALMO 90:12).

# 55

**Guarda os meus mandamentos e vive**; *e a minha lei, como a menina dos teus olhos* (PROVÉRBIOS 7:2).

Há muitos motivos para obedecermos aos mandamentos de Deus, mas o principal é poder agradar a Deus e glorificar o Seu nome. "...porque eu faço sempre o que lhe agrada", disse Jesus (JOÃO 8:29). O lar torna-se encantador quando os filhos obedecem porque amam os pais e querem agradá-los. Se quisermos receber as melhores bênçãos do Senhor em nossa vida, precisamos dar-lhe o nosso melhor, aprendendo a Palavra de Deus e a obedecendo. Considere os benefícios.

*A obediência sustenta a vida.* Cada um de nós está edificando a vida, e toda construção necessita de um alicerce firme e duradouro. De acordo com Jesus, a obediência é o único alicerce permanente (MATEUS 7:24-27). Os cristãos indiferentes desabam quando as tempestades da vida irrompem, mas os cristãos entusiasmados e obedientes sobrevivem às tempestades. Deus não promete que a nossa vida será fácil, mas Ele nos promete Sua presença e Seu cuidado em todas as circunstâncias. De acordo com Neemias 1:5, Deus guarda a Sua aliança e misericórdia para com aqueles que o amam e obedecem os Seus mandamentos.

*A obediência torna a Bíblia mais preciosa para nós.* A Bíblia passa a ser "a menina de nossos olhos". Essa expressão refere-se à pupila do olho e representa algo precioso e insubstituível (DEUTERONÔMIO 32:10; ZACARIAS 2:8). Os cristãos desobedientes não têm prazer em ler as Escrituras e meditar nelas porque o Espírito não pode instruí-los, mas o filho obediente de Deus deleita-se em Sua Palavra (SALMO 1:1,2). Um dos segredos para conhecer a Bíblia é o desejo de obedecer aos ensinamentos de Deus (JOÃO 7:17). Os incrédulos ou os cristãos desobedientes aprendem os fatos da Bíblia, mas não aprendem as verdades mais profundas que Deus deseja que aprendamos.

A obediência enriquece e traz satisfação à vida. Há uma grande diferença entre ganhar a vida e edificá-la, e o Senhor deseja as duas coisas para nós. Ele tem um plano de vida para cada um de nós (EFÉSIOS 2:10) e o colocará em prática se lhe obedecermos (ROMANOS 12:1,2). Josué é um bom exemplo dessa verdade. Começou como soldado (ÊXODO 17:8-16) e depois se tornou o auxiliar de Moisés (24:13; NÚMEROS 11:28). Josué foi um dos espias que inspecionaram Canaã (NÚMEROS 13) e, com Calebe, encorajou o povo a confiar em Deus e a entrar na Terra Prometida. Depois, como sucessor de Moisés, conduziu a nação a Canaã e conquistou essa terra (DEUTERONÔMIO 31:1-8). Cada um de nós deveria ler Josué 1:1-9 e obedecer esses princípios divinos para liderança eficaz.

A obediência mantém-nos perto de Deus e recompensa a vida. Estamos unidos a Cristo como os ramos de uma videira (JOÃO 15:1-8) e os membros de um corpo (1 CORÍNTIOS 12), e essa união é a base para a comunhão. O segredo para o serviço eficaz de produzir fruto encontra-se na comunhão, em permanecer em Cristo (JOÃO 15:1-17). Do ponto de vista do mundo, o cristão obediente é um perdedor, destituído de tudo o que o mundo tem a oferecer; mas a verdade é o oposto disso. O cristão obediente usufrui as bênçãos do Senhor que o mundo não pode ver nem experimentar. Jesus disse: "Se alguém me ama, guardará a minha palavra; e meu Pai o amará, e viremos para ele e faremos nele morada" (JOÃO 14:23). O apóstolo João escreveu: "Aquele [...] que guarda a sua palavra, nele, verdadeiramente, tem sido aperfeiçoado o amor de Deus..." (1 JOÃO 2:5). Sejam quais forem as provações ou desafios que sobrevierem aos cristãos obedientes, eles desfrutarão paz e confiança, sabendo que, um dia, o sofrimento será transformado em glória (1 PEDRO 4:12-19). Se fizermos "de coração, a vontade de Deus" (EFÉSIOS 6:6), tudo valerá a pena quando nos encontrarmos com Jesus.

"Tão-somente sê forte e mui corajoso para teres o cuidado
de fazer segundo toda a lei que meu servo Moisés
te ordenou; que não te desvies, nem para a direita nem
para a esquerda, para que sejas bem-sucedido por onde
quer que andares" (JOSUÉ 1:7).

# 56

> *A **Sabedoria** edificou a sua casa, lavrou as suas sete colunas* (PROVÉRBIOS 9:1).

Encontramos muitas passagens nas Escrituras nas quais há duas opções ao povo de Deus, e estas também são postas diante de nós hoje e todos os dias. Moisés escreveu: "...te propus a vida e a morte, a bênção e a maldição..." (DEUTERONÔMIO 30:19). Jesus descreveu um caminho largo e fácil que conduz à destruição, e um estreito que conduz à vida (MATEUS 7:13,14). Em Provérbios 9, Salomão apresenta-nos duas mulheres, a Sabedoria e a Loucura, e nos conclama a aceitar o convite da Sabedoria, porque a Loucura é o caminho para a morte e o inferno. Há uma diferença marcante entre essas duas mulheres!

*A Sabedoria constrói, mas a Loucura destrói.* A sabedoria mora em uma linda mansão e convida-nos a um banquete suntuoso, mas a Loucura convida-nos a uma refeição de pão e água (v.17) em uma casa comum, cuja porta conduz à morte (v.18). A Loucura não tem nada a oferecer, senão prazeres pecaminosos que duram alguns momentos, mas que resultam em julgamento eterno. Todos nós somos construtores e temos as plantas e os materiais para construir nossa vida com Sabedoria ou com Loucura. Paulo disse ao jovem Timóteo que "...a piedade para tudo é proveitosa, porque tem a promessa da vida que agora é e da que há de ser" (1 TIMÓTEO 4:8). Jesus prometeu: "Buscai, pois, em primeiro lugar, o seu reino e a sua justiça, e todas estas coisas vos serão acrescentadas" (MATEUS 6:33). Sou grato a Deus por todas as pessoas que ajudaram a "me construir" e que me encorajaram a firmar meus projetos e materiais de construção na Sabedoria. O processo de construção ainda não terminou, e oro todos os dias para que Deus me ajude a terminá-lo bem.

*A Sabedoria diz a verdade, mas a Loucura mente.* O sol da verdade brilha na mansão da Sabedoria, ao passo que o nevoeiro e as trevas envolvem o casebre da Loucura como uma mortalha. A mentira sempre conduz à escravidão. Sir Walter Scott escreveu: "Ó que teia emaranhada nós tecemos / Quando nossa primeira prática é mentir". A verdade liberta-nos (JOÃO 8:32). Os alunos cristãos nas escolas seculares precisam estar atentos principalmente às "verdades científicas" ou "verdades históricas" que não passam de mentiras quando avaliadas pela Bíblia. O piedoso pastor escocês Robert Murray M'Cheyne escreveu a um aluno: "Tome cuidado com a atmosfera que envolve os clássicos [...] Devemos verdadeiramente conhecê-los, mas apenas como um químico lidando com venenos — descobrir suas qualidades, mas não infectar o sangue com eles". Anos atrás, um evangelista consagrado me disse: "Estude tudo o que puder, mas coloque-o sob o sangue de Cristo e espere que Ele lhe diga como usá-lo".

A *Sabedoria nos alimenta, mas a Loucura nos mata de fome ou nos envenena*. A mesa da Sabedoria está repleta de carne, vinho e pão, ao passo que a Loucura menciona apenas pão e água roubados. A começar pela Bíblia e pelo hinário, há uma riqueza de sabedoria acessível escrita por autores cristãos e que devemos aproveitá-las. Gosto especialmente das biografias e autobiografias de homens e mulheres cristãos ilustres. Também gosto de ler as cartas escritas por eles. A Loucura diz que seu alimento é doce e agradável (v.17), mas ela não menciona que, no final, se transforma em veneno (v.18)! Meu médico diz: "Você é aquilo que come", mas somos também o que lemos e o que pensamos. "Porque, como imagina em sua alma, assim ele é..." (PROVÉRBIOS 23:7).

Faça a escolha certa. Sente-se à mesa da Sabedoria, abra a Bíblia, leia-a e medite nela. As Escrituras inspiradas sempre devem vir primeiro. Mas há também outros livros úteis escritos por cristãos talentosos. Abra um deles e alimente sua mente e coração com a verdade que Deus compartilhou com o autor. É comum Deus me ensinar exatamente o que preciso saber quando estudo as páginas de um livro que engrandecem Jesus Cristo e revelam a verdade espiritual. Estou certo de que você experimentará o mesmo.

"O Senhor é a minha porção; eu disse que guardaria as tuas palavras" (SALMO 119:57).

# 57

> *O ódio provoca dissensão, mas* **o amor cobre todos os pecados** (PROVÉRBIOS 10:12 NVI).

Por mais admirável que o amor seja, há algumas coisas que ele não pode fazer. O amor não pode tolerar pecados, porque o pecado é uma ofensa contra o Deus santo e amoroso. O amor não pode purificar pecados, porque "...o sangue de Jesus, seu Filho, nos purifica de todo pecado" (1 JOÃO 1:7). Mas o amor pode e deve cobrir pecados, para que não murmuremos e tragamos desgraça ao nome do Senhor. Devemos ser vencedores.

*Devemos vencer o mal com o bem.* "Não te deixes vencer do mal, mas vence o mal com o bem" (ROMANOS 12:21). Os filhos de Noé, Sem e Jafé, obedeceram a esse mandamento quando cobriram o corpo nu do pai e tomaram o cuidado de não olhar para ele. Cam, outro filho de Noé, viu a nudez do pai e contou o fato aos irmãos, mas não fez nada para remediar a situação. "A ira do insensato num instante se conhece, mas o prudente oculta a afronta" (PROVÉRBIOS 12:16). A lei de Moisés ainda não havia sido apresentada ao povo, mas certamente havia algo no coração de Cam que poderia tê-lo incentivado a agir corretamente. Quando relatou a cena aos irmãos, ele estava chorando ou caçoando? Edmund Burke disse: "Para que o mal triunfe, basta que os homens de bem não façam nada", e Tiago escreveu: "Portanto, aquele que sabe que deve fazer o bem e não o faz nisso está pecando" (4:17).

*Precisamos vencer as mentiras com a verdade.* José foi um exemplo clássico disso quando lidou com seus irmãos enganadores que o venderam como escravo e mentiram ao pai dizendo que ele havia sido despedaçado por um animal selvagem (GÊNESIS 37:12-35). Deus esteve com José em suas provações e fez dele o segundo homem no comando do Egito. Quando, durante a fome, seus irmãos foram ao Egito para comprar comida, José tratou-os severamente *porque os amava* e queria vê-los libertos da culpa. José disse a verdade em amor (EFÉSIOS 4:15), porque a verdade sem amor é brutalidade, e o amor sem verdade é hipocrisia. José não facilitou a libertação dos irmãos, porque o preço que ele pagou no Egito havia sido muito alto. Eles tiveram de sofrer as consequências dolorosas de suas mentiras antes de receber perdão.

*Precisamos vencer o ódio com amor.* Repetindo, penso em José, cujos irmãos o odiavam (GÊNESIS 37:1-11). Mas José não guardou rancor algum deles e, com o tempo, seu amor venceu. Penso também em Davi, que teve oportunidades de destruir o rei Saul, mas poupou a vida dele e não permitiu que ninguém desrespeitasse o rei. "O que encobre a transgressão adquire amor..." (PROVÉRBIOS 17:9). O apóstolo Pedro cita nosso texto em sua primeira carta: "Acima de tudo [...] tende amor intenso uns para com os outros, porque o amor cobre multidão de pecados" (4:8). Quando lemos o lamento de Davi pela morte de Saul, nós o vemos elogiando o rei, sem citar seus pecados (2 SAMUEL 1:17-27).

Evidentemente, o nosso Senhor Jesus Cristo é o maior exemplo de "amor que cobre pecados". Pense em como ele "cobriu" os pecados de Judas e deu-lhe oportunidades para mudar. (Se Pedro soubesse quais eram os planos de Judas, provavelmente teria puxado sua espada!) Depois da ressurreição, Jesus teve um encontro a sós com Pedro e lhe perdoou (LUCAS 24:34. 1 CORÍNTIOS 15:5). Mais tarde, Jesus restaurou Pedro em público (JOÃO 21:15-19). No Pentecoste, a pregação de Pedro levou três mil pessoas ao reino de Deus.

"Novo mandamento vos dou: que vos ameis uns aos outros", Jesus disse a Seus discípulos (JOÃO 13:34), e Paulo escreveu: "...quem ama o próximo tem cumprido a lei" (ROMANOS 13:8). O amor não é apenas o maior mandamento; é também o que mais cobre pecados. Nunca estamos tão perto de Deus do que quando amamos os outros e praticamos o perdão.

"Mas o fruto do Espírito é: amor..."
(GÁLATAS 5:22).

## 58

> **A testemunha verdadeira livra almas**, *mas o que se desboca em mentiras é enganador* (PROVÉRBIOS 14:25).

O sistema de julgamento em Israel estava longe de ser perfeito, e os profetas tinham de advertir o povo contra suborno e perjúrio (ISAÍAS 1:23; AMÓS 5:12; MIQUEIAS 7:3). O livro de Provérbios adverte que essas falsas testemunhas serão punidas e poderão perecer por suas maldades (19:5,9; 21:28). Quando tiramos o texto acima da sala de julgamento e o transportamos para o dia a dia, e transformamos o povo de Deus em testemunhas, lançamos uma nova luz à seriedade de compartilhar o evangelho com os outros.

*Uma tragédia.* Com certeza é trágico quando um inocente é punido ou morto porque alguém mentiu no banco das testemunhas *ao passo que a testemunha verdadeira não disse nada.* Isso pode acontecer muitas vezes no decorrer do dia quando você e eu deixamos de usar as oportunidades que o Senhor nos oferece de falar de Cristo aos outros. Há ocasiões em que o "silêncio é ouro", mas há outras em que o silêncio é covardia. Precisamos ser como os apóstolos que disseram com intrepidez aos líderes religiosos: "Pois nós não podemos deixar de falar das coisas que vimos e ouvimos" (ATOS 4:20). Quantas "pessoas simpáticas" que conhecemos não nasceram de novo porque ninguém lhes apresentou o plano da salvação? Nossa desobediência nos incomoda?

*Uma oportunidade.* Não somos apenas "testemunhas" para as almas perdidas; queremos libertá-las da escravidão. Trata-se de um ministério de amor e paciência. Hoje, não temos apóstolos oficiais, mas o Senhor nos deu a mesma oportunidade que deu a Paulo, "para abrir-lhe os olhos e os converteres das trevas para a luz e da potestade de Satanás para Deus, a fim de que recebam eles remissão de pecados e herança entre os que são santificados pela fé em mim" (ATOS 26:18). Os perdidos estão presos no pecado, cegos e vivendo em treva mental, moral e espiritual; são escravos de Satanás, culpados de desobediência e destituídos das riquezas espirituais que você e eu temos em Cristo. Não necessitam de promotores; necessitam de testemunhas! Discutir religião e debater questões teológicas não significa testemunhar. As pessoas podem discutir conosco sobre igrejas e teologia, *mas não sobre nosso testemunho pessoal a respeito do que Cristo fez e faz por nós!* O mendigo cego que Jesus curou disse corretamente: "...uma coisa sei: eu era cego e agora vejo" (JOÃO 9:25).

*Uma necessidade.* O elemento essencial do testemunho é a verdade. Assim como uma testemunha no tribunal, eu preciso dizer (e viver) "a verdade, somente a verdade e nada mais que a verdade, e que Deus me ajude". E Ele me ajudará! "Mas recebereis poder, ao descer sobre vós o Espírito Santo, e sereis minhas testemunhas..." (ATOS 1:8). O Espírito Santo é o Espírito da verdade (JOÃO 14:17) e as Escrituras são a Palavra da verdade (EFÉSIOS 1:13); se andarmos na verdade (3 JOÃO 3,4), o Senhor nos dará capacidade para ser testemunhas de Jesus. A caminhada e a obra de um filho humilde de Deus é, em grande parte, ser testemunha das palavras que proferimos e dos versículos bíblicos que citamos. É o testemunho *verdadeiro* que liberta almas, não o debatedor irado nem o camelô com uma frase decorada de vendas. As testemunhas verdadeiras falam a verdade de Deus com amor, ouvem com amor e confiam na obra do Espírito Santo.

Procuram-se: testemunhas verdadeiras!

"Livra os que estão sendo levados para a morte e salva
os que cambaleiam indo para serem mortos. Se disseres:
Não o soubemos, não o perceberá aquele que pesa os
corações? Não o saberá aquele que atenta para a tua alma?
E não pagará ele ao homem segundo as suas obras?"
(PROVÉRBIOS 24:11,12).

# 59

> *O temor do Senhor é a instrução da sabedoria,
> e a **humildade precede a honra*** (PROVÉRBIOS 15:33).

Andrew Murray disse que humildade não é pensar que somos insignificantes, mas simplesmente não pensar em nós mesmos. Humildade é a graça que, quando sabemos que a possuímos, nós a perdemos. Deus detesta o orgulho (PROVÉRBIOS 6:16,17) e deveríamos também detestá-lo, principalmente o orgulho em nós (8:13). Para entender melhor a honra e a humildade, vamos examinar a vida de quatro pessoas encontradas na história bíblica.

*Rei Saul — da honra à humilhação.* Quase todas as pessoas admiravam Saul quando ele foi ungido rei de Israel. Saul era alto, forte e aparentemente humilde (1 SAMUEL 9:21), porém, com o passar dos anos, o orgulho tomou conta dele e ele tornou-se invejoso, desconfiado e vingativo, o que hoje chamaríamos de maníaco controlador. Saul começou sendo muito honrado, mas acabou sendo terrivelmente humilhado porque o Senhor afastou-se dele. Em vez de fazer a vontade de Deus, ele procurou uma feiticeira em busca de orientação para uma batalha; e acabou cometendo suicídio no campo de batalha (28:3-25; 31:1-6). Se ele tivesse se humilhado perante o Senhor e ouvido o profeta Samuel, a história teria sido diferente.

*Rei Davi — da humildade à honra.* Mesmo quando era muito jovem, Davi foi submisso ao Senhor, a seu pai e a seus irmãos no exército de Saul e ao próprio rei Saul. Deus honrou Davi dando-lhe vitória sobre um leão, sobre um urso e sobre o gigante Golias. Como ajudante de Saul, Davi tocava harpa para ajudar o rei a acalmar seu espírito inquieto. Quando foi comandante do exército de Saul, Davi venceu tantas batalhas que o povo cantou louvores a ele, provocando inveja em Saul a ponto deste querer matar Davi. Por cerca de 10 anos, Davi liderou seu pequeno exército enquanto aguardava que o Senhor lhe desse o trono de Israel. Ele era um jovem humilde (SALMO 131) e Deus o honrou no momento certo (78:67-72). "Humilhai-vos, portanto, sob a poderosa mão de Deus, para que ele, em tempo oportuno, vos exalte" (1 PEDRO 5:6).

*Absalão — do orgulho à grande desonra.* Absalão foi um dos filhos de Davi. Era um homem de bela aparência com personalidade de vencedor e grande ambição. Mas era também orgulhoso e sem fé em Deus. Por ser muito conhecido por todos, Absalão era o que chamaríamos hoje de celebridade, mas não tinha caráter e usava as pessoas para atingir seus propósitos egoístas. Além de tudo, queria ser rei e dispôs-se até a atacar o próprio pai para conseguir a coroa. "Deus resiste aos soberbos, contudo, aos humildes concede a sua graça" (1 PEDRO 5:5-7; VEJA PROVÉRBIOS 3:34). Agindo de modo imprudente, Davi quis que seu exército poupasse seu filho, mas a vontade de Deus era diferente. Absalão ficou preso pelos cabelos espessos nos galhos de uma árvore e foi morto por Joabe, comandante do exército de Davi, a golpes de lança. O corpo de Absalão foi atirado em uma grande cova embaixo de uma pilha de pedras, um monumento à sua arrogância e leviandade.

*Jesus — humilde e honrado.* Duas palavras resumem a evidência da humildade de nosso Senhor: sacrifício e serviço. Jesus "...a si mesmo se esvaziou [...] a si mesmo se humilhou, tornando-se obediente até à morte e morte de cruz. Pelo que também Deus o exaltou sobremaneira" (FILIPENSES 2:7-9). Seu nascimento foi humilde, e sua vida também. Ele não tinha casa para morar e estava à disposição de todos, de manhã até a noite. Ele disse aos discípulos: "Mas o maior entre vós será vosso servo. Quem a si mesmo se exaltar será humilhado; e quem a si mesmo se humilhar será exaltado" (MATEUS 23:11,12). A humildade é o "solo" no qual todas as outras graças cristãs devem crescer e produzir fruto, ao passo que o orgulho é o "solo" que produz as sementes nocivas do pecado. Hoje, Jesus está sentado no trono acima de todo poder e de todo nome (EFÉSIOS 1:20-23). O servo humilde e sofredor é o Rei dos reis e Senhor dos senhores!

## 60

**O coração alegre é bom remédio**, *mas o espírito abatido faz secar os ossos* (PROVÉRBIOS 17:22).

Vamos fazer algumas perguntas sobre o texto acima e descobrir qual ajuda prática ele pode nos dar.

*Por que o coração?* O livro de Provérbios ressalta a *sabedoria*; no texto em hebraico, as palavras *sábio* e *sabedoria* são usadas quase cem vezes. Mas a palavra *coração* também aparece quase cem vezes! A maioria das pessoas associa sabedoria com instrução intelectual, porém a Bíblia associa sabedoria com a mente e o coração. Instrução é aprendizado, mas sabedoria é pôr o aprendizado em prática e ser bem-sucedido. "O sábio de coração aceita os mandamentos..." (PROVÉRBIOS 10:8); "O sábio de coração é chamado prudente..." (16:21). Não basta aprender a verdade; precisamos também amar a verdade e a sabedoria. Conhecer os fatos da Bíblia não é o mesmo que receber as verdades mais profundas que revelam a sabedoria de Deus. "...não tornou Deus louca a sabedoria do mundo?" (1CORÍNTIOS 1:20). As muitas mulheres e concubinas de Salomão desviaram o coração dele do Senhor (1 REIS 11:3,4) a ponto de ele esquecer-se de que havia escrito: "Sobre tudo o que se deve guardar, guarda o teu coração, porque dele procedem as fontes da vida" (PROVÉRBIOS 4:23). Nossa vida flui da abundância do coração (MATEUS 12:34), e se não guardarmos diligentemente o coração, não aprenderemos a sabedoria de Deus.

*Por que um coração alegre?* Aquilo que deixa as pessoas felizes diz muito a respeito do caráter e ambição delas. Mas felicidade não é algo que buscamos; é um subproduto de fazer a vontade de Deus. Se andarmos com o Senhor e lhe obedecermos, o Espírito nos dará um coração alegre, e "...a alegria do Senhor é a vossa força" (NEEMIAS 8:10). Em geral, o modo como vemos a vida determina as consequências que sofremos, e começar o dia com uma atitude negativa pode nos roubar as melhores bênçãos de Deus. "Mas o fruto do Espírito é: amor, alegria [e] paz..." (GÁLATAS 5:22). A alegria verdadeira no Senhor não depende de circunstâncias perfeitas ou de ausência de problemas. Paulo e Silas estavam alegres em uma prisão (ATOS 16:25), e Jesus cantou um hino antes de sair para o jardim e ser preso (MATEUS 26:30). Nem sempre Deus substitui a dor e os problemas por alegria; Ele costuma *transformar* a dor e os problemas em alegria! O mesmo bebê que causa dores de parto à mãe também lhe dá alegria quando nasce (JOÃO 16:20-24). *Qual o bem que resulta disso tudo?* Salomão escreveu: "O coração alegre é bom remédio..." (PROVÉRBIOS 17:22). Não é a receita médica que altera o nosso quadro; é a ingestão do remédio. "Enviou-lhes a sua palavra, e os sarou..." (SALMO 107:20). A disciplina do Senhor não é motivo de alegria no momento, mas depois "produz fruto pacífico" (HEBREUS 12:11). Medite na Palavra, ore e conviva com pessoas que oram, e a alegria do Senhor adentrará ao seu sistema e começará a curar seu coração. Deus não é glorificado por cristãos críticos, mal-humorados e murmuradores. Deus é glorificado por servos que aceitam Sua vontade e nela encontram a alegria restauradora de Sua graça. A carta de Paulo aos filipenses, permeada de alegria, foi escrita quando ele estava preso em Roma, aguardando um julgamento que poderia levá-lo à morte!

*Como devemos começar?* Devemos começar desviando os olhos de nós mesmos e de nossas circunstâncias e fixando-os em Jesus pela fé (HEBREUS 12:1,2). Paramos de ficar mal-humorados e de reclamar e começamos a dedicar tempo para meditar nas Escrituras e permitir que as promessas de Deus nos saturem de "remédio". O coração, isto é, o centro de todo problema é o problema que está no coração. Se pedirmos, o Senhor nos restituirá a alegria da salvação (SALMO 51:12). Não há substituto para esperar no Senhor e descansar em Suas promessas.

"Entrega o teu caminho ao SENHOR, confia nele,
e o mais ele fará" (SALMO 37:5).

# 61

**Diz o preguiçoso**: *Um leão está lá fora; serei morto no meio das ruas* (PROVÉRBIOS 22:13).

Ocioso e preguiçoso são palavras que descrevem a pessoa que não gosta de trabalhar, alguém que lembra o bicho-preguiça com seus movimentos lentos ou a lesma no mundo dos moluscos. Poderíamos substituir essas palavras por outras como lento, vagaroso, avesso ao trabalho.

*Os preguiçosos são negligentes*. Se existia alguém que Salomão não tolerava, esse alguém era a mulher ou o homem preguiçoso que se recusava a dedicar-se inteiramente ao trabalho — ou nem sequer aparecia para trabalhar! Na Bíblia, as pessoas que Deus abençoou e usou eram todas trabalhadoras. Na verdade, muitas trabalhavam quando Deus as chamou. Moisés e Davi estavam cuidando de ovelhas; Gideão estava malhando trigo; Isaías estava adorando no Templo; e Pedro, André, Tiago e João estavam pescando. Na parábola dos talentos, Jesus disse que o servo com um talento era mau, negligente e inútil porque não quis trabalhar nem aplicou seu talento para render juros (MATEUS 25:14-30). Paulo ordenou ao povo de Deus em Roma: "No zelo, não sejais remissos; sede fervorosos de espírito, servindo ao Senhor" (ROMANOS 12:11), e disse aos servos da igreja de Colossos: "Tudo quanto fizerdes, fazei-o de todo o coração, como para o Senhor e não para homens" (COLOSSENSES 3:23).

*Os preguiçosos são mentirosos*. É improvável que houvesse um leão na rua e, mesmo que houvesse, o homem e seus vizinhos poderiam tê-lo afugentado ou matado. Davi era apenas um adolescente quando matou um leão e um urso que atacaram seu rebanho (1 SAMUEL 17:33-37) e anos depois, um de seus principais soldados matou um leão numa cova "no tempo da neve" (2 SAMUEL 23:20). O preguiçoso estava apenas dando uma desculpa e, em geral, as pessoas que sabem dar boas desculpas não são eficientes em nada. O evangelista americano Billy Sunday definiu desculpa como "a embalagem de um motivo preenchida com mentira". O preguiçoso não lavra porque está muito frio lá fora (PROVÉRBIOS 20:4), e quando chega o tempo da colheita, ele não tem nada para colher (24:30-34). Em vez de dar desculpas, ele deveria confessar seus pecados e pedir a Deus que o ajude a ser um trabalhador fiel.

Os preguiçosos são perdedores. Além de perder a colheita (renda), o que traz prejuízo para seu lar, os preguiçosos perdem os benefícios que o corpo e a alma do trabalhador fiel recebe. O trabalho não é punição pelo pecado, porque nossos primeiros pais trabalhavam no jardim antes de o pecado entrar em cena (GÊNESIS 2:15). O trabalho é um privilégio e uma oportunidade para aprender e crescer, usar as habilidades concedidas por Deus e os recursos que o Senhor nos deu para nos sustentar, sustentar os outros e ofertar ao Senhor (EFÉSIOS 4:28). O emprego deve nos proporcionar alegria e enriquecimento, mesmo quando nos sentimos exaustos no fim do dia. Mas foi por isso que Deus nos deu o sono! Jesus estava tão cansado de ministrar que dormiu em um barco em meio a águas turbulentas. "Doce é o sono do trabalhador..." (ECLESIASTES 5:12). Ser preguiçoso em assuntos materiais ou espirituais (HEBREUS 6:12) é perder as bênçãos que Deus tem para nós.

Os preguiçosos não são líderes. Os homens e mulheres que ajudaram a compor a história civil e religiosa foram pessoas que se sacrificaram e trabalharam, sem dar desculpas. Se você necessita de incentivo, leia a breve autobiografia de Paulo em 2 Coríntios 11:22-33! Jesus orava de manhãzinha e trabalhava o dia inteiro e algumas horas da noite — e Ele é nosso exemplo. Sim, Jesus tirava algumas horas de folga com os discípulos, porem apenas para recuperar as forças e trabalhar mais.

Concordo com as palavras do Dr. Bob Cook: "O trabalho árduo é uma emoção e uma alegria, quando estamos fazendo a vontade de Deus".

"Vai ter com a formiga, ó preguiçoso,
considera os seus caminhos e sê sábio"
(PROVÉRBIOS 6:6).

# 62

> *Tudo tem o seu tempo determinado, e* **há tempo para todo propósito** *debaixo do céu* (ECLESIASTES 3:1).

Quando deram o nome de Abel a seu segundo filho, Adão e Eva deram a Salomão a palavra-chave para Eclesiastes; a palavra hebraica *hebel* significa "vaidade", usada cerca de 40 vezes em Eclesiastes. Salomão examinou os vários aspectos da vida para descobrir se valia a pena viver e, quanto mais ponderou, mais concluiu que a vida não tinha nenhum significado. Era vaidade. Logo no segundo capítulo, ele disse: "Porque aborreci a vida..." (v.17), uma afirmação verdadeira de um homem sábio e que possuía tudo. Às vezes, sentimo-nos assim, principalmente quando lemos ou vemos os noticiários ou quando um sonho nosso se torna um pesadelo. Mas o texto acima menciona três verdades que nos encorajam a ter uma visão mais positiva da vida.

*Na vida, experimentamos uma sequência de eventos.* Salomão chama esses eventos de "ocasião" e "tempo". Eclesiastes menciona várias vezes a palavra "tempo". Deus habita na eternidade e pôs a eternidade em nosso coração (3:11), o que explica nossa profunda insatisfação com as "coisas" e os "acontecimentos" e nosso desejo de ter algo mais. Esse "algo mais" é o que Jesus chamou de vida abundante (JOÃO 10:10) e só o encontramos quando confiamos em Cristo como nosso Salvador e o servimos como Senhor. Salomão escreve, sim, a respeito de viver com alegria (ECLESIASTES 2:24; 3:12-15,22; 5:18-20; 8:15; 9:7-10), mas estritamente em termos humanos: apreciar o trabalho, apreciar a comida e a bebida e apreciar o cônjuge e a família. Mas um incrédulo, que ainda não chegou a salvação, pode fazer tudo isso! Por melhor que a vida seja, sempre queremos algo mais, algo que nos prepare para a morte e a eternidade. Salomão menciona a morte com frequência, e a única preparação verdadeira para a morte é conhecer Jesus Cristo (JOÃO 11:25,26).

*Esses acontecimentos ajudam a cumprir os propósitos de Deus.* Os cientistas e historiadores capazes têm tentado descobrir propósito no Universo e na história humana, mas até agora não conseguiram porque Deus foi deixado fora da equação. Somos criaturas vinculadas ao tempo e vemos apenas a sequência dos acontecimentos. É como olhar para três peças de um quebra-cabeça e querer imaginar o quadro inteiro. Deus vê o quadro inteiro, e esta Terra é o "palco" do Universo, onde Ele está pondo Seus propósitos em prática e revelando Seus planos. "Ao SENHOR pertence a terra [...] o mundo e os que nele habitam" (SALMO 24:1). Há ocasiões em nossa vida em que gostaríamos de saber o que Deus está fazendo, mas podemos repetir as palavras de Romanos 8:28 e saber que tudo o que está acontecendo coopera para o nosso bem e para a glória do Senhor. "Tudo fez Deus formoso no seu devido tempo..." (ECLESIASTES 3:11). Os cristãos vivem de promessas nesta vida, não de explicações. As explicações serão dadas quando esta vida chegar ao fim e entrarmos na eternidade. As palavras de Jesus a Pedro podem ser aplicadas a nós hoje: "O que eu faço não o sabes agora; compreendê-lo-ás depois" (JOÃO 13:7). Quando oramos: "Seja feita a Tua vontade, assim na terra como no céu", estamos pedindo plenitude de vida, não explicações ou motivos.

*Os propósitos de Deus originam-se de Seu coração amoroso.* Medite no Salmo 33:10,11 e alegre-se. O Senhor tem propósitos para as nações e para cada pessoa; Seus propósitos vêm de Seu coração *e serão cumpridos*! Todo cristão pode dizer: "O que a mim me concerne o SENHOR levará a bom termo; a tua misericórdia, ó SENHOR, dura para sempre; não desampares as obras das tuas mãos" (SALMO 138:8). Nosso problema é que estamos apressados demais para que nossa vontade seja feita agora em vez de esperar no Senhor. Abraão e Sara esperaram 25 anos por Isaque, o filho prometido, e José esperou 13 anos para ser o segundo homem no comando do Egito, e ambos foram expressões do amor de Deus e do cumprimento de Seu sábio plano.

"Espera pelo SENHOR..."
(SALMO 27:14).

# 63

> **Lavai-vos, purificai-vos, tirai a maldade** *de vossos atos de diante dos meus olhos...* (ISAÍAS 1:16).

Estamos acostumados a pedir ao Senhor que nos lave depois que pecamos (SALMO 51:2,7), mas o texto acima ordena que *nos lavemos*! Não significa que temos autoridade e capacidade para remover nossos pecados; ao contrário, significa que precisamos nos arrepender e eliminar de nossa vida as coisas que nos levam a pecar com facilidade. Ouvi falar de um membro de igreja que orava longamente em cada reunião de oração e sempre terminava dizendo: "E, Senhor, tira as teias de aranha de minha vida". Certa noite, um homem do grupo, cansado de ouvir essas palavras, disse bem alto: "E, Senhor, enquanto estiveres fazendo isso, *mata a aranha*!". Este é o significado do texto.

*O pecado nos torna impuros.* O pecado é descrito de várias maneiras nas Escrituras — trevas, doença, escravidão e até morte —, mas um dos mais conhecidos é a impureza. A lei de Moisés ensinou o povo judeu a distinguir entre o puro e o impuro, não apenas nos alimentos, mas também nos contatos da vida diária. Por exemplo, a pessoa tornava-se impura se tocasse em um cadáver ou em alguém com uma ferida exposta. Essas regras ajudavam a manter o povo saudável, mas também o lembrava de manter a vida pura para desfrutar as bênçãos do Senhor. Os sacerdotes poderiam morrer se não se lavassem antes de entrar no santuário (ÊXODO 30:17-21). Nem sempre levamos nossos pecados tão a sério quanto deveríamos, mas o Senhor vê a impureza em nosso coração. "Se eu acalentasse o pecado no coração, o Senhor não me ouviria" (SALMO 66:18 NVI). Neste mundo, todos nós pecamos, mas devemos nos esforçar para permanecer o mais puro possível perante o Senhor. A primeira epístola de João diz que devemos andar na luz (1:5-10).

*A religião pode nos tornar fingidos.* Tentar esconder nossos pecados de Deus e dos outros só serve para acrescentar outro pecado à lista: hipocrisia. Ao ler Isaías 1, você verá a triste descrição de pecadores enchendo o Templo, oferecendo sacrifícios a Deus, levantando as mãos e orando — e depois saindo do Templo e voltando a pecar e a pecar. Eles observavam fielmente os dias sagrados aos judeus. Estavam certos de que suas orações e sacrifícios agradariam o Senhor e davam aos outros a impressão de que eram piedosos. Mas estavam errados. Certamente não podemos enganar a Deus com nossos rituais religiosos, e mesmo que enganemos nossos amigos, isso não faz bem algum. Com o tempo, a verdade aparece, e mesmo que nossos pecados secretos não sejam expostos, continuamos afastados do Senhor e andando nas trevas.

*Só Deus pode nos libertar.* Seu convite é: "Vinde [agora]" e Sua promessa é: "Ainda que os vossos pecados sejam como a escarlata, eles se tornarão brancos como a neve; ainda que sejam vermelhos como o carmesim, se tornarão como a lã" (ISAÍAS 1:18). Deus perdoa nossos pecados, mas também ordena que abandonemos tudo o que nos incita a pecar. "Deixe o perverso o seu caminho..." (55:7) e comece a andar no caminho certo com as pessoas certas. Para obedecer ao mandamento do Senhor, algumas pessoas precisam limpar a biblioteca, a estante com revistas e talvez a coleção de músicas. "Tendo, pois, ó amados, tais promessas, purifiquemo-nos de toda impureza, tanto da carne como do espírito, aperfeiçoando a nossa santidade no temor de Deus" (2 CORÍNTIOS 7:1). Observe o momento crucial definitivo ("purifiquemo-nos") e o processo que se segue ("aperfeiçoando a santidade"). "Despojando-vos, portanto, de toda maldade e dolo, de hipocrisias e invejas e de toda sorte de maledicências" (1 PEDRO 2:1).

Precisamos nos lavar e nos purificar como prova de que estamos falando sério a respeito de ter uma vida santa. Deus nos renovará se nos arrependermos e abandonarmos os pecados que nos contaminam.

"Chegai-vos a Deus, e ele se chegará a vós outros.
Purificai as mãos, pecadores; e vós que sois de ânimo dobre..." (TIAGO 4:8).

> **Acautela-te e aquieta-te; não temas**, nem se desanime o teu coração por causa desses dois tocos de tições fumegantes, por causa do ardor da ira de Rezim, e da Síria, e do filho de Remalias (ISAÍAS 7:4).

Um *tempo de medo*. Acaz, rei de Judá, encontrava-se em situação muito difícil. Rezim, rei da Síria e Peca, rei de Israel, haviam conspirado para atacar Judá e colocar outro rei no trono. Mas o Templo e os sacerdotes estavam em Judá, e Acaz pertencia à dinastia de Davi de cuja descendência nasceria o prometido Messias. "...Então, ficou agitado o coração de Acaz e o coração do seu povo, como se agitam as árvores do bosque com o vento" (v.2). Sempre que estivermos com medo, devemos ser sábios e abrir as Escrituras, ouvir o Senhor e entender Seu ponto de vista. Deus não via Rezim e Peca como tições fumegantes terríveis, mas apenas como dois tocos desprezíveis, prestes a se extinguir. Quando Moisés enviou os espias à terra de Canaã, dez deles apresentaram uma descrição correta da terra, *mas deixaram Deus fora da história*! Dois espias, Calebe e Josué, viram a terra a partir do ponto de vista de Deus e encorajaram o povo a entrar na terra e tomar posse de sua herança. Os dez espias incrédulos morreram e, durante os 38 anos seguintes da peregrinação de Israel, todos os israelitas que tinham mais de 20 anos morreram no deserto, exceto Calebe e Josué. A descrença é um pecado perigoso (NÚMEROS 13–14).

*Um tempo de fé*. Entender o ponto de vista de Deus significa andar pela fé. "Tu, SENHOR, conservarás em perfeita paz aquele cujo propósito é firme; porque ele confia em ti" (ISAÍAS 26:3). Mas não podemos ter a mente dividida, buscando ao mesmo tempo a ajuda de Deus e dependendo de nossos esquemas (TIAGO 1:5-8); precisamos confiar plenamente no Senhor. A fé é viva sem esquemas. No entanto, o rei Acaz havia feito um tratado secreto com o rei da Assíria, pedindo sua ajuda caso a nação de Judá fosse atacada (2 REIS 16:5-9). "Uns confiam em carros, outros, em cavalos, nós, porém, nos gloriaremos em o nome do SENHOR, nosso Deus" (SALMO 20:7).

Um dos nomes de Deus é *Jeová Nissi*, que significa "O SENHOR é Minha Bandeira", uma comemoração à primeira batalha que Israel venceu depois de ter saído do Egito (ÊXODO 17:15,16). Se nos lembrássemos do que o Senhor fez por nós no passado, seríamos encorajados a pôr nossa confiança nele hoje. Às vezes, temos de repetir as palavras daquele pai aflito: "Eu creio! Ajuda-me na minha falta de fé!" (MARCOS 9:24), lembrando que Jesus honrou até essa oração.

*Um tempo de fidelidade.* O nome do filho de Isaías que o acompanhou para encontrar-se com o rei era Sear-Jasube, que significa "Um-Resto-Volverá". O conceito de um remanescente judeu de crentes fiéis percorre todo o Antigo Testamento, desde Noé e sua família (GÊNESIS 7:23) e José (45:7) até Malaquias 3:16; e Paulo retoma-o em Romanos 11:5 (VEJA ISAÍAS 1:9; 37:31,32; LUCAS 12:32). Deus nunca dependeu de números exagerados para realizar Seu propósito na Terra, e você e eu hoje somos parte daquele *remanescente* de fiéis. Malaquias 3:16-18 descreve com clareza a palavra remanescente como um pequeno grupo que teme ao Senhor, que se reúne, ora junto, medita em assuntos espirituais, ministra uns aos outros e exercita discernimento espiritual ao testemunhar aos perdidos. A exortação de Deus para nós é: "...faze, pois, tuas orações pelos que ainda subsistem" (ISAÍAS 37:4).

Em vez de ser temerosos e aflitos, devemos nos acautelar e nos aquietar, sabendo que o Senhor está no controle de tudo.

"Contudo, vos exortamos [...] a diligenciardes
por viver tranquilamente..." (1 TESSALONICENSES 4:10,11).

# 65

> *Acaso, pode uma mulher esquecer-se do filho que ainda mama, de sorte que não se compadeça do filho do seu ventre? Mas ainda que esta viesse a se esquecer dele, eu, todavia, **não me esquecerei de ti*** (ISAÍAS 49:15).

O povo de Israel andava se queixando da sorte na vida e acusando o Senhor de ter se esquecido dele e de abandoná-lo. Essa é uma reação comum quando a vida está difícil, nossas orações não são respondidas, e não conseguimos ver uma saída. Mais de uma vez, até o grande rei Davi sentiu-se abandonado. "Até quando, Senhor? Esquecer-te-ás de mim para sempre...?" (SALMO 13:1). Até os filhos de Coré, que serviam no santuário, às vezes sentiram-se abandonados. "Por que escondes a face e te esqueces da nossa miséria e da nossa opressão?" (44:24). Mas nosso texto deixa claro que nosso Pai celestial não abandonará Seus filhos.

*Deus lembra-se de seu povo.* Israel encontrava-se em circunstâncias difíceis porque havia desobedecido ao Senhor e Ele os estava disciplinando. Mas até a disciplina era evidência de que o Senhor estava com eles e cuidava deles. Às vezes, agimos como crianças amuadas que vivem resmungando: "Ninguém me ama", e isso só piora a situação. Quando a Bíblia diz que Deus se "lembra" de algo ou de alguém, não significa que Sua mente caducou e foi restaurada. Deus é onisciente e não se esquece de nada. Significa simplesmente que Ele está prestes a agir. Deus lembrou-se de Noé e livrou-o do dilúvio (GÊNESIS 8:1). Deus lembrou-se da oração de Abraão e tirou Ló de Sodoma (19:29). Lembrou-se das orações de Raquel por um filho e deu-lhe José (30:22) e lembrou-se também das orações de Ana e deu-lhe Samuel (1 SAMUEL 1:11,19). Deus sempre age certo e *no tempo certo*, quando Seus preparativos estão concluídos.

*Deus lembra-se das promessas de Sua aliança.* Quando o povo de Israel estava sofrendo no Egito, "Deus [ouviu] o seu gemido, lembrou-se da sua aliança com Abraão, com Isaque e com Jacó" (ÊXODO 2:24; VEJA 6:5). As alianças de Deus são tão fiéis e imutáveis quanto o caráter de

Deus, e podemos confiar em Suas promessas. Nosso Senhor e Salvador Jesus Cristo é hoje "o Mediador da nova aliança" (HEBREUS 12:24) e o povo de Deus honra essa aliança todas as vezes que celebra a Ceia do Senhor. Ela nos faz lembrar o preço daquela aliança, o sangue precioso de Jesus, bem como a promessa de que temos o perdão de Deus e que Jesus voltará. Cada promessa que o Senhor nos dá em Sua Palavra está fundamentada no que Jesus fez por nós na cruz!

*Deus não se lembra de nossos pecados.* O rei Davi orou no Salmo 25:7: "Não te lembres dos meus pecados da mocidade, nem das minhas transgressões. Lembra-te de mim segundo a tua misericórdia, por causa da tua bondade, ó SENHOR". Satanás é o acusador do povo de Deus diante do Senhor (APOCALIPSE 12:10) e seus demônios gostam de lançar acusações à nossa mente e nosso coração; mas a promessa da aliança de Deus é que "dos seus pecados jamais me lembrarei" (HEBREUS 8:12; 10:17). Significa que nossos pecados não estão mais registrados nem nos atribuem culpa. Os pecadores salvos não são como os criminosos em liberdade condicional que voltam à prisão se cometerem outro crime. *Todos os nossos pecados foram completamente perdoados e esquecidos* (COLOSSENSES 2:13,14). Quando pecamos, confessamos nosso pecado a Deus e somos purificados (1 JOÃO 1:9). Não permita que o acusador o perturbe (ZACARIAS 3:1-5).

Não nos esqueçamos de Deus! Medite em Deuteronômio 8:11; 32:18 e em Jeremias 2:12; 3:21.

"Eu, eu mesmo, sou o que apago as tuas transgressões por amor de mim e dos teus pecados não me lembro"
(ISAÍAS 43:25).

# 66

> *Voltai, ó filhos rebeldes,* **eu curarei as vossas rebeliões** (JEREMIAS 3:22).

O profeta Jeremias ministrou em Judá durante os últimos 40 anos do reino e testemunhou a destruição de Jerusalém e do cativeiro do povo. Se os governantes tivessem dado ouvidos a ele e se voltado para o Senhor, esses trágicos acontecimentos não teriam ocorrido. Mas o que aconteceu com o povo de Judá pode também acontecer conosco, portanto precisamos prestar atenção.

*Enfrentamos uma situação perigosa.* Com exceção do remanescente fiel, o povo de Judá não sabia que estava espiritualmente enfermo. Era rebelde e estava distante de Deus, mas recusava-se a admitir e não tomava nenhuma providência quanto a isso. À semelhança de uma doença física contagiosa, a deterioração espiritual começa discretamente; vai declinando aos poucos até entrar em colapso. O povo se voltou contra Deus descaradamente, começou a adorar ídolos e não queria arrepender-se nem confessar seus pecados. Na tentativa de agradar ao povo, os falsos profetas garantiram que o Senhor jamais permitiria que os babilônios pagãos destruíssem o Templo, mas eles estavam enganados (JEREMIAS 6:14; 18:11,22). Além de a cidade e o Templo terem sido destruídos, a maioria do povo foi conduzida à Babilônia e lá permaneceu 70 anos em cativeiro. Provavelmente as igrejas e os cristãos de hoje estão cometendo o dobro dos erros que o povo de Judá cometeu, talvez fechando os olhos à nossa condição espiritual, dando ouvidos a falsos conselhos e provocando a disciplina do Senhor.

*Ouvimos um convite misericordioso.* "Voltai, ó filhos rebeldes". No texto de Jeremias, em hebraico, o verbo traduzido por *voltar* é usado mais de cem vezes — cinco vezes somente no capítulo 3. Os rebeldes não caem precipitadamente em armadilhas; viram as costas ao Senhor e, aos poucos, deixam de cumprir Sua vontade e de estar em comunhão com Ele. O Senhor é paciente e não desiste de nós. Envia Sua Palavra e, se necessário, usa a disciplina com amor para nos despertar quanto ao perigo. E se lhe obedecermos, Ele nos perdoará e nos restaurará. Mas se continuarmos a acreditar em mentiras ("Você não será castigado por isso"), a situação piorará e o Senhor terá de lidar conosco. Se pararmos logo no início e percebermos o mal que estamos fazendo ao coração de Cristo, a nós, a nossos queridos e ao testemunho do Senhor, devemos confessar imediatamente nossos pecados e pedir perdão a Deus. Quanto mais esperarmos, pior a situação se tornará.

Podemos experimentar uma transformação maravilhosa. "Eu curarei as vossas rebeliões". Que promessa encorajadora! Como é maravilhoso aquele dia em que o médico nos diz: "Identificamos seu problema e há cura para ele". Alguns cristãos que professaram a fé não querem ser curados de sua rebeldia, e temos dúvida se realmente nasceram de novo. A santidade não ocorre automaticamente por mais que nos esforcemos. Precisamos recorrer ao Grande Médico, confessar nossos pecados a Ele e permitir que Ele nos purifique e nos cure. Leia o Salmo 32 se quiser saber o que acontece com as pessoas que encobrem sua rebeldia e as bênçãos que recebem quando a confessam. "O que encobre as suas transgressões jamais prosperará; mas o que as confessa e deixa alcançará misericórdia" (PROVÉRBIOS 28:13).

O Grande Médico está sempre disponível. Seu diagnóstico é sempre correto, seus tratamentos sempre funcionam — e Ele vai à casa de Seus pacientes. E, a propósito, Ele já pagou a conta.

"Sonda-me, ó Deus, e conhece o meu coração,
prova-me e conhece os meus pensamentos;
vê se há em mim algum caminho mau e guia-me
pelo caminho eterno" (SALMO 139:23,24).

## 67

> Assim diz o SENHOR ao povo de Judáe de Jerusalém:
> **"Lavrem seus campos não arados** e não
> semeiem entre espinhos" (JEREMIAS 4:3 NVI).

Na Escritura, colheita é a imagem de "apanhar os frutos", bons ou maus, daquilo que dizemos e fazemos. O Senhor deseja ver fruto em nossa vida (GÁLATAS 5:22,23) e uma "colheita de almas" produzida por nosso trabalho (JOÃO 4:34-38). William R. Inge, decano da Catedral de Saint Paul, em Londres (1911–34) disse com sabedoria: "Estamos sempre semeando o futuro e estamos sempre colhendo o passado". Quanto mais você meditar nessa afirmação, mais séria ela se tornará. Jesus busca "fruto [...] mais fruto [...] muito fruto" (JOÃO 15:1-8).

*As colheitas produtivas necessitam de preparação.* "Campo não arado" é um solo inativo porque não foi tratado. Não foi arado nem recebeu as sementes, portanto não pode produzir nenhuma colheita. Um dos motivos para a terra ser improdutiva é porque "os trabalhadores são poucos" (LUCAS 10:2); e Lucas 9:57-62 relata o porquê de os trabalhadores serem poucos: o povo que Deus chama está apresentando desculpas! Jesus está à procura de trabalhadores, não de pessoas ociosas que apresentam desculpas.

*A preparação inclui o uso do arado.* De acordo com a parábola do semeador (MATEUS 13:1-9,18-23), a boa semente da Palavra só entrará em nosso coração se o solo tiver sido arado pelo arrependimento e confissão. Um coração enrijecido não pode receber a verdade de Deus, porque o diabo vem e leva a semente embora: "...semeai para vós outros em justiça, ceifai segundo a misericórdia; arai o campo de pousio; porque é tempo de buscar ao SENHOR, até que ele venha, e chova a justiça sobre vós" (OSEIAS 10:12). O solo preparado tem um tremendo potencial, mas é trágico saber que há muitas terras não cultivadas em nossa vida.

O uso do arado exige perseverança. "...Ninguém que, tendo posto a mão no arado, olha para trás é apto para o reino de Deus" (LUCAS 9:62). Se formos servos fiéis, um dia "ceifaremos, se não desfalecermos" (GÁLATAS 6:9). Se o lavrador olhar repetidamente para trás e pensar somente em voltar, que tipo de sulcos ele vai produzir? É certo que arar é um trabalho árduo, mas, quando nos chama, Deus nos capacita. "Tudo posso naquele que me fortalece" (FILIPENSES 4:13). O inimigo nos fornece todos os tipos de desculpa para nos desviarmos por caminhos convenientes, mas o Senhor, por meio de Seu exemplo e exortações, encoraja-nos a continuar o trabalho até que a obra esteja concluída.

A perseverança origina-se da fé. O Senhor não quer que sejamos "indolentes, mas imitadores daqueles que, pela fé e pela longanimidade, herdam as promessas" (HEBREUS 6:12). A fé e a paciência formam uma dupla excelente! Devemos viver pela fé em cada área da vida e do serviço cristão e, se vivermos pela fé, cultivaremos a paciência. Sem paciência, aprendemos muito pouco e não realizamos quase nada. Tiago lembra-nos de que a prova de nossa fé produz paciência (1:4), e ele usa o exemplo do lavrador para nos encorajar. "...Eis que o lavrador aguarda com paciência o precioso fruto da terra, até receber as primeiras e as últimas chuvas" (5:7). "Porque de Deus somos cooperadores..." (1 CORÍNTIOS 3:9), e se fizermos a nossa parte, Ele fará a dele. "...porque sem mim nada podeis fazer" (JOÃO 15:5).

A fé origina-se de viver de acordo com as Escrituras. "E, assim, a fé vem pela pregação, e a pregação, pela palavra de Cristo" (ROMANOS 10:17). Leia Hebreus 11 e veja o que Deus fez às pessoas comuns e com as pessoas comuns que aceitaram Sua Palavra e confiaram nele. Como trabalhadores, precisamos viver de acordo com as Escrituras e permitir que o Espírito nos instrua e nos capacite. Entramos no trabalho de outras pessoas, e elas entram em nosso trabalho (JOÃO 4:38), mas é o Senhor quem promove a colheita.

"...Eu, porém, vos digo: erguei os olhos e vede os campos, pois já branquejam para a ceifa" (JOÃO 4:35).

# 68

**Ninguém há semelhante a ti**, ó SENHOR;
*tu és grande, e grande é o poder do teu nome.*
*[...] Pois isto a ti é devido; porquanto, entre todos os*
*sábios das nações e em todo o seu reino,* **ninguém há**
**semelhante a ti** (JEREMIAS 10:6,7).

Os profetas hebreus lembravam continuamente ao povo de Israel que Jeová era o único Deus vivo e verdadeiro e que os ídolos dos gentios não tinham nenhum valor. Mesmo assim, Israel recorreu a esses ídolos repetidas vezes em busca de ajuda e teve de ser disciplinado pelo Senhor. As pessoas das igrejas primitivas eram atraídas por ídolos, da mesma forma que *nós, os cristãos das igrejas de hoje, também o somos*! Ao contrário dos ídolos pagãos, os ídolos contemporâneos não são feios e de má aparência, mas belos e sedutores — celebridades, dinheiro, poder, autoridade, sexo, diversão, comida —, mas, ainda assim, são perigosos e substitutos mortos do Deus vivo. Qualquer coisa em nossa vida que substitua o Senhor e nos escravize, qualquer coisa pela qual nos sacrificamos para ter a satisfação que ela nos oferece, é um ídolo e precisa ser abandonada. Nenhum ídolo pode fazer por nós o que o Senhor faz por meio de Jesus Cristo!

*Só o Senhor pode nos salvar de nossos pecados.* "Olhai para mim e sede salvos, vós, todos os termos da terra; porque eu sou Deus, e não há outro" (ISAÍAS 45:22). Em uma manhã gelada de domingo, o jovem Charles Haddon Spurgeon ouviu um sermão sobre esse texto, confiou em Cristo e foi salvo! "E não há salvação em nenhum outro; porque abaixo do céu não existe nenhum outro nome, dado entre os homens, pelo qual importa que sejamos salvos" (ATOS 4:12).

*Só o Senhor merece nossa adoração, sacrifício e serviço.* Na dedicação do Templo, o rei Salomão iniciou sua oração com estas palavras: "Ó SENHOR, Deus de Israel, não há Deus como tu, em cima nos céus nem embaixo da terra..." (1 REIS 8:23). Ana, uma mulher piedosa, orou fervorosamente por um filho e Deus atendeu a seu pedido. Quando levou o menino Samuel ao santuário e o entregou para servir a Deus naquele local, ela orou: "...O meu coração se regozija no SENHOR, a minha força está exaltada no SENHOR [...]. Não há santo como o SENHOR, porque não há outro além de ti; e Rocha não há, nenhuma, como o nosso Deus" (1 SAMUEL 2:1,2). Se tivermos ídolos no coração, nosso afeto pelo Senhor e nossa lealdade a Ele estarão divididos e não poderemos agradar-lhe. Nas Escrituras, idolatria é chamada de prostituição (SALMO 106:39; OSEIAS 4:12; TIAGO 4:4).

*Só o Senhor pode libertar-nos da escravidão.* Os julgamentos que Deus enviou contra a terra do Egito (ÊXODO 7–12) foram direcionados contra os deuses do Egito, para que o Faraó soubesse que não havia nenhum Deus como o Senhor (8:10). Depois da libertação, os judeus cantaram louvores a seu grande Deus. "Ó SENHOR, quem é como tu entre os deuses? Quem é como tu, glorificado em santidade, terrível em feitos gloriosos, que operas maravilhas?" (15:11). Se alguém ou alguma coisa entrar em minha vida e receber esse tipo de louvor, estou envolvido com idolatria. Se eu me recusar a dar a Deus a glória que Ele merece, estou envolvido com idolatria. Leia 1 Coríntios 8 e medite no que Paulo escreveu.

*Só o Senhor pode desenvolver nosso caráter e nos tornar semelhantes a Jesus.* O autor do Salmo 115 zomba da idolatria, contrastando os ídolos mortos com o Deus vivo, e faz-nos esta advertência: "Tornem-se semelhantes a eles os que os fazem e quantos neles confiam" (v.8). *Tornamo-nos semelhantes aos ídolos que adoramos.* Mas ser piedoso é ser "semelhante a Deus". Quem deseja se tornar um ídolo sem vida quando podemos ser mais semelhantes a Jesus, o nosso Senhor vivo (2 CORÍNTIOS 3:18)?

Não existe ninguém como Jesus!

"Filhinhos, guardai-vos dos ídolos"
(1 JOÃO 5:21).

# 69

> Como o vaso que o oleiro fazia de barro se lhe estragou na mão, **tornou a fazer** [...] outro vaso, segundo bem lhe pareceu (JEREMIAS 18:4).

Este episódio lembra-nos de que somos barro. A vida é uma dádiva e a morte é nosso destino aqui na terra. "...porque tu és pó e ao pó tornarás" (GÊNESIS 3:19). O barro é uma substância frágil, mas tem potencial. Todo bebê que nasce neste mundo é frágil, e ninguém sabe como ele será. O vaso de barro em si não é valioso, mas pode conter algo muito valioso; e *somos feitos à imagem de Deus*. Sem o Senhor, talvez jamais descobriremos nossas possibilidades ou alcançaremos nosso potencial. A fragilidade do barro necessita do poder e da sabedoria de Deus.

Isso nos lembra de que *Deus é o oleiro*. "Então, formou o SENHOR Deus ao homem do pó da terra..." (GÊNESIS 2:7) é a descrição de um oleiro trabalhando. Deus é soberano e pode planejar para nós e fazer de nós o que Ele deseja. Não significa que somos vítimas indefesas em um mundo controlado, porque o Senhor decretou que colaboramos com Ele à medida que Ele trabalha em nossa vida. Jesus disse: "Jerusalém, Jerusalém [...]! Quantas vezes quis eu reunir teus filhinhos [...] e vós não o quisestes!" (LUCAS 13:34). E tenha em mente que "Deus é amor" (1 JOÃO 4:8); Seus decretos são evidências de Seu amor por nós, por isso nunca precisamos temer a vontade de Deus. Nós não giramos a roda do oleiro; rendemo-nos às mãos do oleiro. Tenho ouvido pessoas dizerem com orgulho que "se fizeram por si mesmas" e eu gostaria de dizer a elas: "Então você deve assumir a culpa". É muito melhor ser feito por Deus.

*A roda do oleiro* representa a vida humana. Deus providencia os acontecimentos da vida para que o conheçamos, conheçamos a nós mesmos, os outros e as oportunidades que a vida nos apresenta. "Pois somos feitura dele, criados em Cristo Jesus para boas obras, as quais Deus de antemão preparou para que andássemos nelas" (EFÉSIOS 2:10).

Quando nos submetemos à Sua vontade, Ele nos prepara para o que Ele preparou para nós. O barro na roda que Jeremias estava vendo não queria cooperar e resistiu várias vezes; o oleiro bem que poderia tê-lo tirado da roda e o atirado longe — mas continuou a trabalhar e "tornou a fazer dele outro vaso". Deus nunca desiste de nós. Pense em Moisés, Davi, Jonas, Pedro, João Marcos e outros nas Escrituras que erraram, mas foram bem-sucedidos. O Oleiro está no comando, e se nos rendermos a Ele, o Senhor cuidará para que realizemos aquilo que planejou para nós. A experiência de Jeremias ajuda-nos a entender *o que o sucesso é*. Tem pouco a ver com fama, poder ou riqueza. Sucesso é submeter-se ao Senhor e fazer a Sua vontade (ROMANOS 12:1-3), permitindo que Ele nos modele conforme o Seu desejo. Quando erramos, pedimos que Ele nos refaça e começamos a servi-lo. *O vaso estragado continua nas mãos do oleiro!* Deus nos faz, o pecado nos estraga, mas o Oleiro pode nos consertar e continua a nos moldar. Um cristão com deficiência física perguntou a um pastor: "Por que Deus me fez assim?". O pastor respondeu: "Ele não fez você — *Ele está fazendo você*!". O oleiro pega cada vaso e coloca-o no forno, onde o barro cuidadosamente adquire consistência e depois recebe o acabamento. Caso contrário, o vaso não teria muita utilidade. Não gostamos desses fornos, mas necessitamos deles.

O discípulo Judas não se submeteu ao oleiro e teve uma morte vergonhosa. Os líderes religiosos compraram o "campo do oleiro" com o dinheiro que Judas lhes devolveu e ali fizeram um cemitério para enterrar os forasteiros. Se ao menos Judas tivesse aprendido o significado de submeter-se ao Oleiro! Para ser um sucesso aos olhos de Deus, basta submeter-se ao Oleiro e crer que ele pode refazê-lo.

"O que a mim me concerne o SENHOR levará a bom termo;
a tua misericórdia, ó SENHOR, dura para sempre;
não desampares as obras das tuas mãos"
(SALMO 138:8).

# 70

> *Porque sou eu que conheço os planos que tenho para vocês, diz o* Senhor, *planos de fazê-los prosperar e não de lhes causar dano, planos de dar-lhes* **esperança e um futuro** (JEREMIAS 29:11 NVI).

No decorrer da conquista de Jerusalém, o exército babilônio destruiu a cidade, roubou os tesouros do Templo e levou muitas pessoas à Babilônia como escravas. O profeta Jeremias escolheu permanecer na cidade destruída em companhia das pessoas que haviam sido deixadas para trás, mas escreveu uma carta aos exilados para dizer-lhes como agir como povo de Deus em um ambiente pagão. O povo de Deus de hoje vive em um ambiente predominantemente pagão, portanto podemos aprender com Jeremias quais são as nossas responsabilidades.

*Aceite a vontade de Deus.* Os falsos profetas entre os judeus na Babilônia estavam dizendo ao povo que eles voltariam para casa com seus tesouros dentro de 2 anos (JEREMIAS 28:1-11), mas Jeremias lhes disse que seriam 70 anos (29:10)! Quando o povo olhou para trás, sabia que Deus havia enviado Seus profetas muitas vezes para adverti-lo, mas não quis ouvi-los. Não podiam mudar o passado, mas poderiam aprender com o passado, confessar seus pecados (vv.19,23) e obedecer à Palavra de Deus. O Senhor estava provocando dor no povo, mas não causando danos ao povo. De vez em quando, meus médicos provocam dor em mim, nas nunca me causaram danos. Para os exilados, de nada adiantaria sentar, chorar e querer vingar-se (SALMO 137). Isso só tornaria a vida deles mais infeliz ainda. O povo de Deus de hoje enfrenta problemas por causa de seus pecados ou talvez por causa dos pecados dos outros, mas, nas duas situações, precisamos nos submeter à vontade de Deus. Ele sabe o que está fazendo, e o lugar mais seguro no mundo é estar na vontade de Deus. Aceite-a. Deus tem Seu povo na mente e no coração, e deseja o melhor para ele.

*Obedeça às instruções de Deus.* Jeremias não disse ao povo que organizasse protestos nem criasse um movimento secreto de resistência, mas que deveria ter vida normal, que criassem suas famílias e se preparassem para o futuro. Insistiu para que orassem pela cidade (JEREMIAS 29:7) e por eles próprios (v.12). Paulo e Pedro fizeram essa exortação à igreja primitiva (ROMANOS 13; 1 TIMÓTEO 2:1-4; 1 PEDRO 2:13-15), e isso deveria chamar nossa atenção hoje. Se sofremos por ser testemunhas de Cristo, devemos em primeiro lugar obedecer ao Senhor (ATOS 4:19,20), porém até esse testemunho deve ser dado com mansidão e amor. Os judeus exilados obedeceram ao conselho de Jeremias. Após 70 anos, milhares voltaram à sua terra, reconstruíram Jerusalém e o Templo e repovoaram a terra que Deus lhes havia dado. Em razão disso, hoje conhecemos o único Deus vivo e verdadeiro, as Escrituras inspiradas e o Salvador, Jesus Cristo.

*Creia nas promessas de Deus.* Quando conhecemos Jesus Cristo como Salvador e Senhor e prestamos atenção à Palavra de Deus, temos segurança no futuro. Quando Deus nos coloca no forno, Ele fica de olho no termômetro e com a mão no termostato. Deus sabe qual é a temperatura e por quanto tempo ficaremos lá. O Senhor não quebrou Sua aliança com Abraão, Isaque, Jacó e Davi, nem se esqueceu de Suas promessas aos profetas (JEREMIAS 24:6; 30:10,11; 31:10-14). Qualquer pessoa viva tem um futuro até o momento da morte, mas nem todas têm um futuro com esperança após morte. "Pois tudo quanto, outrora, foi escrito para o nosso ensino foi escrito, a fim de que, pela paciência e pela consolação das Escrituras, tenhamos esperança" (ROMANOS 15:4).

O presente será vitorioso se vivermos um dia de cada vez, aprendendo com o passado, aguardando o futuro com grande expectativa e obedecendo à vontade do Senhor. Lembre-se de que Deus pensa em você e tem planos para sua vida.

"Bendito seja o SENHOR [...] nem uma só palavra falhou de todas as suas boas promessas..." (1 REIS 8:56).

# 71

> Assim diz o SENHOR: O povo [...] **logrou graça no deserto**. Eu irei e darei descanso a Israel (JEREMIAS 31:2).

O deserto é o último lugar onde esperaríamos receber graça, a menos que o Senhor esteja conosco; Ele pode usar nossas "experiências no deserto" para nos ensinar valiosas lições espirituais.

Para o povo de Israel, o deserto foi um *lugar de provação*. Deus conduziu os israelitas no deserto por 40 anos, para humilhar e prová-los (DEUTERONÔMIO 8:2); e, em geral, eles foram reprovados. Deus os guiou dia e noite, proporcionou alimento e água e os ajudou a derrotarem os inimigos — e, mesmo assim, eles quiseram, mais de uma vez, voltar ao cativeiro no Egito. Provocaram Deus e Moisés, no entanto o Senhor cuidou deles. Isso é graça! O Senhor conhecia o coração de Seu povo, mas o povo não conhecia o próprio coração, e as provas de Deus o ajudaram a ver sua carência.

Para Davi, Elias e João Batista o deserto foi um *lugar de treinamento*. Foi no deserto que Davi se escondeu do rei Saul (SALMO 63), e lá Elias aprendeu a não fugir da responsabilidade (1 REIS 19). O profeta estava exausto e faminto, e a ameaça de morte feita por Jezabel deixou-o apavorado, mas o Senhor deu-lhe descanso e alimento e enviou-o de volta à batalha. João Batista cresceu no deserto e aprendeu a ouvir a voz de Deus (LUCAS 1:80; MATEUS 3:1,3). É nos lugares difíceis da vida que descobrimos a graça do Senhor derramada sobre seus servos, não importa como se sintam. "Eis que Deus é a minha salvação; confiarei e não temerei..." (ISAÍAS 12:2).

Para Jesus, o deserto foi um *lugar de tentação*, mas Ele o transformou em um lugar de triunfo (MATEUS 4:1-11), onde podia ter comunhão com o Pai (LUCAS 5:16). Jesus costumava ir ao deserto para afastar-se das multidões e ter um tempo muito necessário para orar e meditar (ISAÍAS 50:4,5).

Você faz "pausas para bênção" quando está sozinho e aguarda silenciosamente diante do Senhor? Recomendo que o faça.

Filipe, o evangelista, estava realizando importantes reuniões em Samaria quando o Senhor o chamou para ir ao deserto e compartilhar o evangelho com um homem, e aquele deserto se tornou um *lugar de testemunho* (ATOS 8:5-8,26-40). O viajante era um oficial de alta patente da Etiópia, aparentemente prosélito da fé judaica, e Filipe apresentou-lhe o Salvador. Paulo e Silas tiveram experiência semelhante em um cárcere em Filipos enquanto oravam e adoravam. O carcereiro e sua família se converteram e provavelmente alguns outros prisioneiros (ATOS 16:25-34). Louvar ao Senhor em tempos de "deserto", de dor e provação pode abrir portas e corações e nos proporcionar uma colheita.

Por falar em Paulo, ao listar suas provações, ele nos lembra de que enfrentou "perigos no deserto" (2 CORÍNTIOS 11:26). Ele não explica quais eram esses perigos, mas não era seguro nem confortável viajar naquela época, e Paulo viajava muito.

O sistema mundial de hoje é um vasto deserto que não facilita a nossa jornada como peregrinos. Pedro descreve o mundo como "lugar tenebroso" e a palavra traduzida por tenebroso significa "sujo, deplorável, imundo", como um pântano perigoso (2 PEDRO 1:19). Mas temos a Palavra de Deus que brilha nesse mundo *tenebroso* e desolador e nos mostra o caminho, assim como a nuvem e o fogo guiaram o povo de Israel pelo deserto. *Preste atenção às Escrituras e o mundo não poderá desviá-lo do bom caminho.* O deserto se tornará em terra produtiva quando o Senhor derramar a Sua graça sobre você.

"Lâmpada para os meus pés é a tua palavra e luz, para os meus caminhos" (SALMO 119:105).

# 72

> ...depois daqueles dias, diz o SENHOR: Na mente, lhes imprimirei as minhas leis, também no coração lhas inscreverei; **eu serei o seu Deus**, e eles serão o meu povo (JEREMIAS 31:33).

Pensar que o Deus santo e grandioso se dispôs a ser o *nosso* Deus e compartilhar Sua verdade conosco à medida que Seu Espírito a escreve em nossa mente e coração é algo que deveria nos deixar maravilhados e agradecidos, alegres e obedientes. Pense em quem Deus é!

*Ele é o Deus de amor* (2 CORÍNTIOS 13:11). As nações pagãs fabricavam deuses que exigiam que seus adoradores oferecessem os próprios filhos nos altares deles, mas o nosso Deus enviou Seu único Filho, na forma de um bebê, para crescer e sacrificar-se por nossos pecados. Deus acolheu as crianças, tomou-as em Seus braços e as abençoou (MATEUS 19:13-15). Jesus ama e acolhe os pecadores que se achegam a Ele para serem salvos (LUCAS 19:10). O amor de Deus é um grande amor (EFÉSIOS 2:4).

*Ele é o Deus de toda a graça* (1 PEDRO 5:10). Deus, em Sua graça, dá-nos o que não merecemos, e recebemos Sua graça pela fé, para servi-lo e fazer boas obras. Paulo escreveu: "...pela graça de Deus, sou o que sou..." (1 CORÍNTIOS 15:10), e Deus disse a ele: "...A minha graça te basta..." (2 CORÍNTIOS 12:9). A graça de Deus nos basta também!

*Ele é o "Deus único e sábio"* (ROMANOS 16:27). Nosso mundo vive em meio a uma "explosão de conhecimento", porque as informações eletrônicas se espalham rapidamente, mas existe uma carência dolorosa de sabedoria. Aparentemente, as pessoas não sabem usar as informações que recebem. O povo de Deus pode orar por sabedoria (TIAGO 1:5) e encontrar sabedoria nas Escrituras. "O temor do SENHOR é o princípio da sabedoria..." (PROVÉRBIOS 9:10).

*Ele é o Deus da glória* (ATOS 7:2). Antes de confiarem no Deus vivo e verdadeiro, Abraão e Sara adoravam a deusa lua em Ur dos Caldeus. Não existe glória nos ídolos mortos e eles sabiam a diferença. Jesus deixou temporariamente de lado Sua glória quando veio à Terra como um ser humano, mas reivindicou-a quando retornou ao céu e tem compartilhado essa glória com Seu povo (JOÃO 17:22). Parte dessa glória irradiou-se do rosto de Estêvão enquanto ele discursava no Sinédrio (ATOS 6:15). "...Aquele que se gloria, glorie-se no Senhor" (1 CORÍNTIOS 1:31).

Ele é o Deus vivo (1 TESSALONICENSES 1:9). Ao contrário dos ídolos mortos feitos por mãos humanas, o Deus a quem adoramos e servimos é vivo e não pode morrer. Nosso Deus caminha conosco, fala conosco, ajuda-nos a resolver nossos problemas e luta nossas batalhas, e nunca se cansa de cuidar de Seus filhos. O Espírito Santo é o Espírito do Deus vivo (2 CORÍNTIOS 3:3) e o povo de Deus é "a Igreja do Deus vivo" (1 TIMÓTEO 3:15). Se conhecemos a Deus verdadeiramente por meio da fé em Jesus Cristo, Sua vida deve brilhar através de nós todos os dias em nossa jornada, adoração e serviço.

Ele é o Deus da paz (FILIPENSES 4:9). Deus não declarou guerra à humanidade; foi a humanidade que declarou guerra ao Senhor (ROMANOS 1:18). As primeiras palavras de nosso Senhor aos apóstolos depois de Sua ressurreição foram: "Paz seja convosco!" (JOÃO 20:19,21).

Ele é o Deus da esperança (ROMANOS 15:13). As pessoas sem Cristo não têm esperança; as que confiam em Cristo têm a esperança viva (1 PEDRO 1:3). Um dia, iremos para o céu e veremos Jesus!

Poderíamos prosseguir no assunto, mas isso deve ser suficiente para emocionar com a grandeza de Deus o coração de cada cristão verdadeiro. E Ele fez uma aliança conosco!

"...que este é Deus, o nosso Deus para todo o sempre;
ele será nosso guia até à morte" (SALMO 48:14).

## 73

> **[Eu] comprei, pois [...] o campo** que está em Anatote; e lhe pesei o dinheiro, dezessete siclos de prata (JEREMIAS 32:9).

Desconfio que muitas pessoas acharam que Jeremias foi muito tolo por ter comprado um campo quase 5 quilômetros distante de Jerusalém e ocupado pelo exército babilônio que cercava a cidade. Mas Jeremias sabia o motivo dessa compra: porque Deus assim lhe ordenara. Foi um sermão em ação. O profeta havia anunciado que os cativos judeus na Babilônia retornariam a Judá em 70 anos (25:11,12; 29:10; 32:15,37-44), e Jeremias agora estava confirmando suas palavras com ações. A fé sem obras é morta (TIAGO 2:17). Aquele vaso de barro contendo a escritura da compra da propriedade seria um lembrete constante da promessa de Deus. Jeremias jamais reivindicaria a terra, mas um membro de sua família poderia pegar a escritura e tomar posse dela.

Deus usou vários meios diferentes para lembrar Seu povo das futuras bênçãos que receberia e, assim, dar-lhe confiança em tempos de provação. Quando estava morrendo, José garantiu a seus irmãos que eles sairiam do Egito rumo à terra prometida a Abraão, Isaque e Jacó. Ordenou-lhes que dissessem a todas as gerações posteriores que levassem seu corpo embalsamado em um caixão e o enterrassem com seus antepassados na Terra Prometida (GÊNESIS 50:22-26) — e foi o que eles fizeram (ÊXODO 13:19; JOSUÉ 24:32; ATOS 7:15,16). Durante os anos de cativeiro no Egito, aquele caixão deve ter dado esperança àquele povo judeu sofredor. Quando visitamos o túmulo de um cristão, normalmente olhamos com tristeza para a lápide, mas devemos levantar os olhos com alegria para o Senhor e dizer: "Na tua volta, esvaziarás esta sepultura! Aleluia!".

Um caixão encorajou os judeus escravizados no Egito e um vaso de barro encorajou os judeus exilados na Babilônia, mas, hoje, o Senhor dá a Seu povo uma simples refeição para encorajar-nos a vigiar, aguardando a vinda do Senhor (MATEUS 26:26-30). Na última Páscoa de nosso Senhor com Seus discípulos, Jesus instituiu a Ceia do Senhor e disse a eles que a celebrassem em memória dele e em antecipação a Seu retorno prometido (1 CORÍNTIOS 11:23-26). Os cristãos participam dessa refeição em família e olham para a cruz, olham dentro do próprio coração e olham para frente aguardando a vinda de Jesus. "E a si mesmo se purifica todo o que nele tem esta esperança, assim como ele é puro" (1 JOÃO 3:3). A igreja de hoje usa programações diferentes para celebrar a Ceia do Senhor, mas provavelmente os cristãos primitivos a celebravam em cada Dia do Senhor quando se reuniam e, com frequência, no final de uma refeição comum durante a semana.

O corpo de cada cristão é semelhante a um vaso de barro no qual o Espírito Santo habita (2 CORÍNTIOS 4:7). Porque Ele habita ali? Ele tem muitos ministérios, mas, de acordo com Efésios, "o Espírito Santo da promessa" selou-nos para que soubéssemos que pertencemos ao Senhor, que um dia Ele virá para nós e nos levará para nossa herança celestial (1:13,14). O Espírito de Deus está conosco para sempre (JOÃO 14:16), o que significa que devemos ter confiança e coragem, por mais difícil que a vida se torne. O Espírito da promessa mantém nossos olhos de fé nas promessas de Deus, principalmente na promessa da volta de Cristo, e assegura-nos de que Jesus cumprirá Suas promessas. Continue a olhar para cima! Não desanime e não planeje desistir.

"Então, veio a palavra do SENHOR a Jeremias, dizendo:
Eis que eu sou o SENHOR, o Deus de todos os viventes;
acaso haveria coisa demasiadamente maravilhosa
para mim?" (JEREMIAS 32:26,27).

# 74

> **Tomou, pois, Jeremias outro rolo** *e o deu a Baruque, filho de Nerias o escrivão, o qual escreveu nele, ditado por Jeremias, todas as palavras do livro que Jeoaquim, rei de Judá, queimara...* (JEREMIAS 36:32).

*Uma nova geração.* Jeoaquim, filho de Josias, estava no trono de Judá. Seu pai foi um grande homem de fé e coragem, mas Jeoaquim não. Não ouviu o conselho do profeta Jeremias e "fez ele o que era mau perante o SENHOR..." (2 REIS 23:37). Em vez de sacrificar o ganho pessoal para que pudesse cuidar de seu povo carente, Jeoaquim construiu para si um palácio enorme e caro na ocasião em que Judá necessitava de um exemplo melhor de liderança (JEREMIAS 22:13-19). Durante o reinado de Josias, o livro da Lei foi encontrado no Templo e, quando foi lido a Josias, ele rasgou suas roupas, confessou pecados e chamou a nação ao arrependimento (2 REIS 22). Mas quando seu filho Jeoaquim ouviu a leitura das Escrituras, ele cortou o livro em pedaços e o queimou! Como é triste quando uma nova geração abandona a fé de seus pais. Se Jeoaquim tivesse seguido o exemplo do pai, teria escapado da derrota e de uma morte vergonhosa.

*Uma tentação antiga.* Uma mentira muito velha controlava a mente e o coração de Jeoaquim, uma mentira proferida primeiramente pelo diabo no jardim do Éden: "...É assim que Deus disse...?". "Você confia realmente no que Deus diz?". O rei não acreditou que as palavras do profeta eram as palavras de Deus ou que elas transmitissem alguma mensagem pessoal para ele. Alguns líderes do rei ouviram a leitura do rolo *e tremeram de medo*, mas o rei não prestou atenção. Lançou o rolo no fogo e o queimou. As mãos humanas podem destruir exemplares da Palavra de Deus escrita, mas não podem destruir a Palavra de Deus em si. "Para sempre, ó SENHOR, está firmada a tua palavra no céu" (SALMO 119:89). Jesus disse: "Passará o céu e a terra, porém as minhas palavras não passarão" (MATEUS 24:35). Jeoaquim confiou nas mentiras de seus conselheiros e dos falsos profetas, mas não confiou na verdade de

Deus proferida por um profeta verdadeiro. Os líderes mundiais cometem esse erro com frequência, mas "a palavra de Deus [...] é permanente" (1 PEDRO 1:23).

*Uma restauração misericordiosa.* Quando Baruque, o escriba de Jeremias, lhe contou que o rei havia destruído o rolo, o profeta pegou outro rolo e ditou as mesmas palavras do original. No que se refere à nação, aquele foi um ato de misericórdia da parte de Deus, mas para o rei, selou seu trágico destino. Destruir a evidência não inocenta o criminoso! A narrativa diz que Jeoaquim recusou-se a obedecer à vontade de Deus e pagou caro por sua tolice. Hoje temos o registro nas Escrituras e podemos aprender com ela. O mundo perdido odeia as Escrituras porque elas lançam luz sobre a perversidade do coração humano. Ao mesmo tempo, as Escrituras revelam o coração cheio de graça de um Deus amoroso. "Pois todo aquele que pratica o mal aborrece a luz e não se chega para a luz, a fim de não serem arguidas as suas obras" (JOÃO 3:20).

*Uma obrigação privilegiada.* As autoridades talvez desprezem as Escrituras e pode ser que queiram destruí-las, mas o povo de Deus tem a obrigação privilegiada de amar a Palavra de Deus, ler, estudar e obedecê-la. Devemos acolhê-la "não como palavra de homens e sim como, em verdade é, a palavra de Deus, a qual, com efeito, está operando eficazmente em vós, os que credes" (1 TESSALONICENSES 2:13). Não basta acreditar na Bíblia; precisamos aceitá-la em nosso próprio ser, como fazemos com a comida e a bebida. Estamos aproveitando esse privilégio?

"...Não só de pão viverá o homem,
mas de toda palavra que procede da boca de Deus"
(MATEUS 4:4).

# 75

> Mandaram retirar Jeremias do átrio da guarda e o entregaram a Gedalias [...] para que o levasse para o seu palácio; **assim, habitou entre o povo** (JEREMIAS 39:14).

No início de seu ministério, Jeremias queria encontrar uma estalagem no deserto, onde pudesse estar longe do povo e não ser testemunha de suas atividades iníquas (JEREMIAS 9:1-6). Mas não devemos ser tão severos com ele, porque Moisés ficou tão angustiado com os israelitas que desejou morrer (NÚMEROS 11:10-15) e Davi orou pedindo asas para que pudesse fugir para longe de Jerusalém e ter um pouco de paz (SALMO 55:6-8). Pela graça de Deus, os três permaneceram em seu posto e serviram ao Senhor e a Seu povo. O chefe da guarda babilônia ofereceu-se para levar Jeremias à Babilônia, onde ele receberia cuidados, mas Jeremias escolheu viver com seu povo. Quando você sentir vontade de fugir, pense nos fatores que mantiveram Jeremias no lugar quando a situação estava muito difícil.

*Ele estava em comunhão íntima com Deus.* "Não temas diante deles", o Senhor disse a Jeremias quando o chamou, "porque eu sou contigo para te livrar..." (JEREMIAS 1:8, VEJA VV.17-19). Jeremias acreditou nas promessas de Deus e o Senhor não o decepcionou. O rei de Judá e seus príncipes decepcionaram o povo e tentaram abandonar a cidade, mas foram pegos e julgados (39:1-10). Fugiram porque eram mercenários, e não pastores (JOÃO 10:12,13). Jeremias chorou por seu povo e queria chorar ainda mais (JEREMIAS 4:19; 9:1; 23:9). Ele foi um verdadeiro patriota que amou sua nação e tentou desesperadamente salvá-la da ruína, e esse amor fluiu de sua caminhada junto a Deus, porque o Senhor ama Israel com amor eterno (31:3). A palavra *coração* é usada mais de 60 vezes em Jeremias e Lamentações.

*Ele aceitou seu chamado.* Jeremias sabia que seu trabalho não seria fácil. Ele teria de arrancar e derrubar coisas antes de poder plantar e construir (1:9,10). Os líderes ímpios se oporiam a ele, mas o Senhor faria dele uma cidade fortificada, uma coluna de ferro e muros de bronze (1:17-19). A única forma de prosseguir é assumir uma posição firme. Deus fez dele um acrisolador para intensificar o calor e separar o ouro das impurezas (6:27-30), e o povo não queria isso. Os falsos profetas eram "médicos" enganadores que mentiam a respeito da condição da nação e aplicavam remédios que não surtiam efeito (6:13,14; 8:21,22). Jeremias foi semelhante a um cordeiro levado ao matadouro (11:19) e um pastor tentando conduzir um rebanho rebelde (13:17; 23:1-6). Teve de usar canga de madeira (CAP.27-28), *mas o Senhor estava preso à canga com ele e ajudou-o a carregar o fardo*. Podemos reivindicar o mesmo privilégio como servos do Senhor (MATEUS 11:28-30). Jeremias é conhecido como "o profeta chorão" (JEREMIAS 9:1; 13:17; 14:17), mas Jesus chorou durante Seu ministério (LUCAS 19:41; JOÃO 11:35) e Paulo também (ATOS 20:19).

*Ele cuidou do povo de Deus.* Jeremias viveu com o povo, orou pelo povo e compartilhou as promessas de Deus com o povo, embora pudesse viver confortavelmente na Babilônia. *Ele sempre disse a verdade ao povo.* Se os líderes tivessem aceitado a Palavra de Deus, a cidade e o povo teriam sido libertados da destruição. Da mesma forma que Davi e Jesus, Jeremias via o povo como um rebanho sem pastor e o amou apesar de ter sido mal compreendido e de ter sua mensagem rejeitada (2 SAMUEL 24:17; MATEUS 9:36; VEJA 2 CORÍNTIOS 2:15). "O amor nunca perece..." (1 CORÍNTIOS 13:8 NVI) embora pareça que perecemos tristemente, porque o amor nos torna mais semelhantes a Jesus; e Ele também habitou entre o povo e procurou ajudá-lo.

"Tenho compaixão desta gente,
porque há três dias que permanecem comigo
e não têm o que comer" (MARCOS 8:2).

# 76

> E então, **você deveria buscar coisas especiais para você?** Não as busque, pois trarei desgraça sobre toda a humanidade [...], mas eu o deixarei escapar com vida aonde quer que você vá (JEREMIAS 45:5 NVI).

Os eventos neste curto capítulo ocorreram provavelmente entre os versículos 8 e 9 do capítulo 36. O escriba Baruque havia escrito o "rolo do julgamento" e leu-o aos príncipes e depois ao rei Jeoaquim, que o destruiu. Baruque havia reescrito as palavras originais do rolo com as adições ditadas por Jeremias. Todo esse trabalho árduo, mais as ações e atitudes do rei, perturbaram Baruque e o deixaram desanimado. Mas o Senhor falou a Jeremias, que falou a Baruque, e o problema foi resolvido. Quando você se encontrar em situação semelhante, lembre-se destes fatos.

*Deus sabe como você se sente.* O nome Baruque significa "abençoado do Senhor", mas depois de tudo o que havia sofrido, ele não se sentia especialmente abençoado. De acordo com o capítulo 36, Baruque havia lido o rolo ao povo no Templo e depois aos príncipes do rei no palácio. Quando o rei ouviu a leitura do livro, cortou-o em pedaços e queimou-o, e então tentou prender Baruque, mas Deus o protegeu. E depois de tudo isso, Baruque teve de reescrever o rolo, portanto não é de admirar que ele estivesse lamentando, fraco e precisando de descanso! Não nos cansamos do trabalho do Senhor, mas podemos ficar exaustos *no* trabalho do Senhor. Baruque já estava pronto para dizer a Jeremias o que Pedro perguntou a Jesus: "...eis que nós tudo deixamos e te seguimos; que será, pois, de nós?" (MATEUS 19:27). Satanás estava cochichando ao ouvido de Baruque: "Que vantagem você vai levar nisso? *Eu* tenho algo melhor para você!". O Senhor sabia de tudo isso e tinha uma solução melhor.

*Deus sabe o que desejamos.* O coração de cada problema é o problema no coração. Baruque tinha um problema sério no coração e o Senhor sabia qual era: Baruque estava querendo muito mais do que recebia de Jeremias. Baruque descendia de uma família muito conceituada de Judá. Seu avô Maaseias havia sido governador de Jerusalém sob as ordens do rei Josias (2 CRÔNICAS 34:8) e seu irmão Seraías foi membro da corte do rei Jeoaquim (JEREMIAS 36:26; 40:8; 51:59). Com esses tipos de "conexões", Baruque deve ter conseguido um cargo no palácio e escapado da perseguição. *Porém o lugar mais seguro do mundo está na vontade de Deus.* Provavelmente, Baruque pensou que os líderes aceitariam a advertência de Deus e se arrependeriam, e depois ele ficaria em posição confortável com o povo e com a corte do rei. Talvez houvesse um reavivamento lá como na época de Josias e Deus salvaria a nação. As esperanças de Baruque foram em vão, mas Deus sabia tudo sobre eles e garantiu a Baruque que sua vida não corresse perigo. *Deus deseja o melhor.* Não precisamos de coisas grandes e poderosas para nós; nossa missão é pedir a Deus que faça coisas grandes e poderosas para que Ele seja exaltado (JEREMIAS 33:3). Se, como Maria, submetermos tudo a Ele, um dia seremos capazes de repetir as palavras dela: "Porque o poderoso me fez grandes coisas..." (LUCAS 1:49). Deus não ficou feliz por trazer destruição e cativeiro a Judá, Jerusalém e ao povo, mas isso precisava ser feito. O Senhor deu-lhes a terra e abençoou-os nela, mas seus pecados violaram a aliança e Ele teve de discipliná-los (JEREMIAS 45:4). Além do mais, ao servir a Deus, Jeremias pagou um preço maior que Baruque, porque mentiram a seu respeito, e ele foi preso e açoitado. Jeremias sentia a tristeza do povo que estava prestes a ser levado para o cativeiro e chorou por eles. Sua recompensa? Ele foi tão piedoso que o povo pensou que Jesus fosse Jeremias (MATEUS 16:14)! Que elogio a Jeremias!

"Tende o mesmo sentimento uns para com os outros;
em lugar de serdes orgulhosos, condescendei com
o que é humilde; não sejais sábios aos vossos próprios
olhos" (ROMANOS 12:16).

# 77

> As misericórdias do SENHOR são a causa de não sermos consumidos, porque as suas misericórdias não têm fim; [suas misericórdias] renovam-se cada manhã
> (LAMENTAÇÕES 3:22,23).

Na mesa ao lado de meu computador tenho uma pequena reprodução do quadro de Rembrandt "O profeta Jeremias lamentando a destruição de Jerusalém". A pintura certamente reflete a tristeza expressa no livro das Lamentações de Jeremias. Nosso texto é citado após 18 versículos de tristeza e apresenta uma sequência sobre misericórdia que fala a nós hoje por mais difícil que a vida possa ser.

*Cada manhã, vamos nos alegrar!* Nossas circunstâncias podem mudar e nossos sentimentos a respeito das circunstâncias podem mudar, *mas nosso Pai celestial não muda nunca!* "Porque eu, o SENHOR, não mudo..." (MALAQUIAS 3:6). Cada amanhecer significa que envelhecemos um dia, mas o Senhor nunca envelhece porque Ele é eterno. Significa que cada um de Seus atributos divinos é imutável e que podemos crer que Ele é sempre misericordioso, compassivo e fiel (LAMENTAÇÕES 3:22,23). Deus, em Sua misericórdia não nos dá o que merecemos, e em Sua graça e amor dá-nos o que não merecemos. A palavra hebraica traduzida por *misericórdias* em nosso texto pode também ser traduzida por "aliança de amor" e "benignidade amorosa".

No dia a dia, não temos ideia de como serão os membros de nossa família, os professores, amigos ou chefes, mas sabemos como o Senhor será, portanto, vamos nos alegrar.

*Cada manhã, vamos lembrar.* O povo judeu que estava lamentando com Jeremias sabia o que havia acontecido cada manhã na história judaica e no Templo judaico. Eles sabiam que durante a peregrinação de Israel no deserto, o maná descia do céu a cada manhã para alimentar o povo (ÊXODO 16). E a cada manhã, precisamos nos alimentar da Palavra de Deus para ter a força espiritual necessária para as tarefas do dia:

"...Nem só de pão viverá o homem, mas de toda palavra que procede da boca de Deus" (MATEUS 4:4). Cada manhã, os sacerdotes acendiam lenha sobre o altar (LEVÍTICO 6:12) para que os sacrifícios pudessem ser oferecidos, e Paulo usou essa atividade para encorajar Timóteo a reavivar o fogo em seu coração (2 TIMÓTEO 1:6). Os sacerdotes ofereciam holocaustos a cada manhã (ÊXODO 29:38-46), e devemos nos oferecer ao Senhor a cada manhã (ROMANOS 12:1,2). A queima de incenso a cada manhã (ÊXODO 30:7) fala de oração (SALMO 141:1,2) e precisamos começar o dia com oração e comunhão com o Senhor. E não podemos nos esquecer de louvar e agradecer a Deus quando apresentamos nossos problemas diários diante dele (1 CRÔNICAS 23:30). Quando eu era seminarista, todo verão eu tinha um emprego de tempo integral com sistema de turnos, portanto tinha de adaptar minha programação todas as semanas; mas funcionava porque, fosse a hora que fosse, eu podia ter um encontro com o Senhor.

*Cada manhã, vamos receber.* Em Lamentações 3:22-24, Jeremias menciona quatro atributos de Deus: misericórdia, compaixão, fidelidade e esperança. A misericórdia fala de Seu perdão, portanto não devemos transportar os pecados de ontem para hoje. A compaixão fala da provisão de Deus para cada necessidade, portanto vamos pedir e receber, "lançando sobre ele toda a [nossa] ansiedade, porque ele tem cuidado de [nós]" (1 PEDRO 5:7). Cada manhã, ore para cumprir as tarefas do dia e apresente suas necessidades a Ele. O dia correrá melhor. A fidelidade de Deus nos garante que Ele é digno de confiança para estar conosco e cumprir Suas promessas. Quanto à esperança, necessitamos dela, porque as coisas nem sempre ocorrem da maneira que planejamos.

Nosso encontro diário com o Senhor é o segredo da "novidade de vida" para as exigências de cada dia (ROMANOS 6:4), portanto comece a andar "pelo novo e vivo caminho..." (HEBREUS 10:20).

"Bom é o SENHOR para os que esperam por ele,
para a alma que o busca" (LAMENTAÇÕES 3:25).

# 78

> *Olhei, e* **eis que um vento tempestuoso** *vinha do Norte, e uma grande nuvem, com fogo a revolver-se, e resplendor ao redor dela, e no meio disto, uma coisa como metal brilhante, que saía do meio do fogo*
> (EZEQUIEL 1:4).

**Um lugar novo.** Ezequiel, o sacerdote, foi levado à Babilônia com o segundo grupo de exilados mas, por estar distante do Templo e de seus objetos e utensílios, ele não pôde continuar seu ministério usual. Quando o Senhor nos muda de lugar, é comum concluirmos que nosso mistério chegou ao fim, mas isso talvez não seja verdade. José teve um ministério em um cárcere egípcio que o levou a ser a segunda autoridade na terra e a salvar o povo de Israel. Durante a guerra, muitos cristãos usando fardas encontraram oportunidades de servir a Cristo em terras estrangeiras. Seja para onde for que Deus nos conduzir, Ele vai adiante de nós e prepara o caminho. Deus está em toda parte e pode trabalhar por nosso intermédio em qualquer lugar, desde que estejamos cumprindo Sua vontade. Se o Senhor o conduziu a um novo lugar e você se sente abandonado e sozinho, tenha ânimo! Ele tem um trabalho para você, portanto, fique alerta!

*Uma vocação diferente.* Ezequiel era sacerdote e Deus o chamou para ser profeta, uma missão muito difícil. Jeremias teve a mesma experiência e João Batista também, ambos filhos de sacerdotes. O trabalho do sacerdote consistia principalmente de uma rotina, porque tudo o que ele precisava saber estava escrito nos cinco livros do Antigo Testamento. Mas não havia nenhuma rotina na vida do profeta. Na verdade, o profeta podia ser atacado, preso ou até executado. O sacerdote judeu tinha um pouco de segurança, mas os profetas enfrentavam oposição e perigo. O ministério do sacerdote era manter e proteger o passado, para que cada nova geração pudesse conhecer a Deus e ter comunhão com Ele. A tarefa do profeta era a de confrontar o presente quando os reis, sacerdotes e pessoas comuns desobedeciam ao Senhor e precisavam arrepender-se. É por isso que, geralmente, os profetas não eram benquistos; mas sem a fé e a coragem daqueles homens, não haveria um futuro feliz para a nação. O ministério no Templo exigia trabalho em equipe entre os sacerdotes e os levitas, mas os profetas em geral trabalhavam sozinhos. Ezequiel pelo menos tinha uma esposa para ajudá-lo a carregar o fardo, mas ela morreu — e Ezequiel fez o culto fúnebre dela! A vida dele não foi fácil, mas ele foi fiel até o fim.

*Uma visita assustadora.* A mensagem de Deus chegou a Ezequiel na forma da visão de uma tempestade se formando no céu na direção do norte. Em meio a uma nuvem com fogo, ele viu um trono sobre uma grande plataforma de cristal com rodas cheias de olhos em cada canto da plataforma, rodas que viravam simultaneamente em todas as direções. Quatro seres viventes, cada um com quatro rostos, estavam sob a plataforma e controlando seus movimentos. Foi uma visão de Deus em Seu trono e trabalhando neste mundo para realizar Seus propósitos.

Uma tempestade vinda do norte estava se formando, e aquela tempestade traria julgamento ao povo e destruição a Jerusalém e ao Templo. Havia também um arco-íris ao redor do trono que falava da graça de Deus em meio às tempestades da vida. Deus julgaria Seu povo, mas, onde o pecado aumenta, a graça transborda (ROMANOS 5:20 NVI) e, em Sua ira, o Senhor se lembra da misericórdia (GÊNESIS 9:8-17; HABACUQUE 3:2).

Cada geração na história enfrentou tempestades, e nós também enfrentaremos. Em cada geração os falsos profetas predisseram "paz e segurança" (1 TESSALONICENSES 5:3), mas as tempestades vieram da mesma forma e o julgamento começa na casa do Senhor (EZEQUIEL 9:4-6; JEREMIAS 25:29; 1 PEDRO 4:17,18). Estamos preparados?

"Fogo e saraiva, neve e vapor e ventos procelosos que lhe executam a palavra" (SALMO 148:8).

# 79

> Como o aspecto do arco que aparece na nuvem em dia de chuva, assim era o resplendor em redor. Esta era a aparência da **glória do Senhor**... (EZEQUIEL 1:28).

Você está surpreso por encontrar a glória do Senhor na tempestade? Associamos tempestades com trevas e destruição, portanto por que Deus colocaria Sua glória ali? Tudo a respeito de Deus é glorioso: Seu nome (SALMO 72:19), Sua obra (111:3), Seu poder (COLOSSENSES 1:11), Seu trono (JEREMIAS 17:12), Sua criação (SALMO 19:1) — e Seus julgamentos. Ele recebe glória quando julga o pecado da mesma forma que responde à oração. No Salmo 29, Davi descreve uma tempestade que ele presenciou no deserto, e usa quatro vezes a palavra "glória". O povo de Judá estava afastado de Deus e seus governantes não estavam interessados em mudar seus caminhos, por isso Deus enviou o "furacão Nabucodonosor", e o exército babilônio destruiu Judá e Jerusalém. Deus é glorificado por meio de nossa obediência (MATEUS 5:16), mas se persistirmos na desobediência, Ele receberá glória na disciplina que enviará. O maior sofrimento que Deus impôs a alguém foi quando Ele fez cair os pecados do mundo sobre Jesus (ISAÍAS 53:6) e, mesmo assim, a cruz traz grande glória ao Senhor. "Mas longe esteja de mim, gloriar-me, senão na cruz de nosso Senhor Jesus Cristo...", Paulo escreveu (GÁLATAS 6:14). Se confiarmos nele, Deus receberá a glória de nossas tempestades, bem como de nossos sucessos pacíficos.

*Você se choca ao ver a glória de Deus na presença de ídolos?* Na Babilônia, Ezequiel sabia mais sobre o que acontecia em Jerusalém do que o povo da cidade! Deus permitiu que ele visse os pecados dos sacerdotes adorando ídolos *no Templo do Senhor* (EZEQUIEL 8). Nos lugares ocultos do Templo, bem como nos átrios externos, os sacerdotes estavam adorando ídolos, como o sol e coisas abomináveis que se arrastam na Terra. A idolatria sempre foi um dos maiores pecados do povo hebreu, e Deus quase sempre o disciplinava por sua desobediência, mas foi *inacreditável* o povo adorar ídolos no Templo de Deus! "Inculcando-se por sábios, tornaram-se loucos e mudaram a glória do Deus incorruptível em semelhança da imagem de homem corruptível..." (ROMANOS 1:22,23). Deus não compartilha adoração com ídolos. "Eu sou o SENHOR, este é o meu nome; a minha glória, pois, não a darei a outrem, nem a minha honra, às imagens de escultura" (ISAÍAS 42:8). O Senhor retirou Sua glória do Templo (EZEQUIEL 8:4; 9:3; 10:4,18; 11:22,23) e depois permitiu que o exército babilônio destruísse o Templo.

*Você está acostumado a ver a glória de Deus na igreja?* A glória de Deus estava no tabernáculo (ÊXODO 40:34), mas ela foi embora por causa dos pecados dos sacerdotes, e o povo disse: "Icabode [...] Foi-se a glória de Israel" (1 SAMUEL 4:19-22). Quando Salomão dedicou o Templo, a glória do Senhor entrou no Templo (1 REIS 8:1-11), mas agora a glória de Deus estava abandonando Sua casa e Seu povo. Na pessoa do Espírito Santo, a glória de Deus habita em todos os cristãos, transformando o corpo de cada cristão em santuário de Deus (1 CORÍNTIOS 6:19,20). O Espírito Santo também habita em cada igreja local que é fiel ao Senhor (1 CORÍNTIOS 3:9-17). "Não sabeis que sois santuário de Deus e que o Espírito de Deus habita em vós?" (v.16). Observe o aviso que se segue no versículo 17: "Se alguém destruir o santuário de Deus, Deus o destruirá; porque o santuário de Deus, que sois vós, é sagrado". Paulo orou para que pudesse haver "glória na igreja" em consequência da ação do Espírito Santo na vida da comunidade ali reunida. Caso contrário, Jesus poderá ficar do lado de fora da igreja, tentando entrar (APOCALIPSE 3:14-20). Como é trágico quando a igreja se dedica a tudo, menos a glorificar Jesus Cristo. A glória de Deus voltará ao Templo judeu (EZEQUIEL 43:1-5), e quando a igreja local estiver preparada, o Espírito Santo voltará, trazendo poder e bênção — e Jesus será glorificado.

"A glória do SENHOR entrou no templo pela porta que olha para o oriente. O Espírito me levantou e me levou ao átrio interior; e eis que a glória do SENHOR enchia o templo" (EZEQUIEL 43:4,5).

# 80

> Esta era a aparência do SENHOR; vendo isto, **caí com o rosto em terra** e ouvi a voz de quem falava
> (EZEQUIEL 1:28)

Deus chamou Ezequiel para ser Seu porta-voz aos prisioneiros de guerra judeus na Babilônia, ao passo que Jeremias serviu ao povo que permaneceu em Judá. O primeiro passo na "ordenação" de Ezequiel foi que ele contemplasse o trono glorioso de Deus no meio de uma tempestade. O propósito da vida e do serviço cristãos é engrandecer a glória de Deus em qualquer circunstância. E se o Senhor não nos equipar, nosso trabalho será em vão. Como Ezequiel reagiu?

*Ele caiu com o rosto em terra diante da glória do Senhor.* Na linguagem contemporânea, "cair com o rosto em terra" significa "fracassar completamente e sentir-se envergonhado quase a ponto de não poder se desculpar". Mas na linguagem bíblica, significa humilhar-se diante do Senhor e entregar tudo a Ele, sentir-se tão fascinado por Sua grandeza e glória a ponto de achar que não somos nada. Significa repetir as palavras de João Batista: "Convém que ele cresça e que eu diminua" (JOÃO 3:30). Abraão prostrou-se diante do Senhor (GÊNESIS 17:3,17) e também Moisés e Arão (NÚMEROS 14:5), Daniel (DANIEL 8:17) e o apóstolo João (APOCALIPSE 1:17). No jardim do Getsêmani, Jesus prostrou-se sobre Seu rosto e orou ao Pai enquanto se preparava para ir para a cruz (MATEUS 26:36-39). Em seu livro, Ezequiel registra no mínimo seis vezes que ele caiu com o rosto em terra diante do Senhor. "A soberba precede a ruína, e a altivez do espírito, a queda" (PROVÉRBIOS 16:18). "O maior inimigo do homem é ele próprio", disse D. L. Moody. "Seu orgulho e autoconfiança quase sempre o levam à ruína". "...Deus resiste aos soberbos, mas dá graça aos humildes" (TIAGO 4:6).

*Ele permaneceu em pé com a força do Senhor* (EZEQUIEL 2:1,2). O mandamento de Deus é acompanhado da capacitação de Deus. "Então, entrou em mim o Espírito, quando falava comigo, e me pôs em pé..." (v.2). Podemos hoje reivindicar o poder do Espírito como Ezequiel fez. "Humilhai-vos na presença do Senhor, e ele vos exaltará" (TIAGO 4:10). Ezequiel diz cinco vezes em seu livro que o Senhor o levantou e o capacitou a realizar seu trabalho. *O mesmo poder do Espírito que levantou o trono glorioso de Deus levantou também Seu servo humilde* (EZEQUIEL 1:19-21). O último "levantamento" que Ezequiel narra foi quando o Espírito o levantou e o conduziu ao novo Templo onde a glória do Senhor havia retornado (43:1-5). O profeta começou com glória e terminou com glória, e é assim que a vida do cristão deve se desenvolver — "de glória em glória" (2 CORÍNTIOS 3:18). O ministério exige cristãos que assumam uma posição definida, sem levar em conta a fraqueza pessoal ou a oposição do inimigo. "...Não por força nem por poder, mas pelo meu Espírito, diz o SENHOR dos Exércitos" (ZACARIAS 4:6).

Ele virou o rosto na direção da vontade do Senhor (EZEQUIEL 3:8-11). O Senhor disse nove vezes a Ezequiel que volvesse o rosto contra um "alvo" e dissesse as palavras que Ele lhe dera (6:2; 13:17; 20:46; 21:2; 25:2; 28:21; 29:2; 35:2; 38:2). Isso significa transmitir corajosamente a mensagem de Deus no poder de Deus, sem hesitar ou afrouxar por causa das consequências. "Eis que fiz duro o teu rosto contra o rosto deles..." (3:8). Deus disse palavras semelhantes a Jeremias: "Não temas diante deles, porque eu sou contigo para te livrar..." (JEREMIAS 1:8). Assim como Jesus seguiu para Jerusalém, o profeta manifestou no rosto sua firme decisão de obedecer à vontade de Deus (LUCAS 9:51). Ezequiel não teve facilidade para transmitir suas mensagens nem seus ouvintes foram receptivos a ele, mas o profeta fez a obra para a qual Deus o chamara, e devemos fazer o mesmo. As palavras de Jesus a Seu Pai me vêm à mente:

"Eu te glorifiquei na terra, consumando a obra
que me confiaste para fazer" (JOÃO 17:4).

## 81

> *Tu, ó filho do homem, ouve o que eu te digo, não te insurjas como a casa rebelde;* **abre a boca e come** *o que eu te dou* (EZEQUIEL 2:8).

Quando comeu o rolo, Ezequiel associou-se a um ilustre grupo de fiéis que foram nutridos espiritualmente pelas Escrituras. A lista começa com Jó dizendo: "...dei mais valor às palavras de sua boca do que ao meu pão de cada dia" (JÓ 23:12 NVI). Moisés disse a Israel que "não só de pão viverá o homem, mas de tudo o que procede da boca do SENHOR..." (DEUTERONÔMIO 8:3). Jesus citou essas palavras quando confrontou Satanás no deserto e o derrotou (MATEUS 4:1-4). "Quão doces são as tuas palavras ao meu paladar!", escreveu o salmista. "...Mais que o mel à minha boca" (119:103). Jeremias, o profeta e companheiro de Ezequiel, disse: "Achadas as tuas palavras, logo as comi; as tuas palavras me foram gozo e alegria para o coração, pois pelo teu nome sou chamado..." (JEREMIAS 15:16). O apóstolo João também comeu um rolo (APOCALIPSE 10:8-11), e, em sua boca, foi tão doce quanto o mel, mas amargo em seu estômago.

    Ler e ouvir as Escrituras deveria ser uma experiência tão agradável para nós quanto participar de um suntuoso banquete. Afinal, receber a Palavra de Deus em nosso coração (EZEQUIEL 3:10) não é castigo, mas alimento e satisfação. Um dos primeiros sintomas de declínio em nossa caminhada espiritual é a perda de apetite pelas Escrituras. Comer é uma metáfora conhecida para aprender. As pessoas dizem a um vendedor ou político dinâmico: "Não consigo engolir isto" ou, "Vou ter que pensar um pouco mais sobre isto". Dizemos ao pregador: "O senhor me deu alimento para reflexão" ou talvez: "As ideias daquele jovem pregador estão um pouco cruas". Um amigo me disse: "Eu devorei aquele livro". Receber a verdade espiritual é semelhante a ingerir alimento, e a verdade adentra a nossa mente e coração e, aos poucos, transforma nosso "eu" interior.

Todo cristão deveria dedicar um tempo todos os dias para ler a Bíblia, meditar nela, digeri-la e permitir que ela produza crescimento espiritual. Muitos cristãos, atarefados que estão, engolem "comida religiosa prejudicial" que, na verdade, os torna mais fracos, e não mais fortes. Devemos terminar nosso tempo de quietude diário com o gosto de mel na boca e o calor do amor de Deus em nosso coração (LUCAS 24:32) e devemos meditar nessas bênçãos durante o dia. O inspirado autor do Salmo 119 encontrava-se com o Senhor de manhã (v.147) e, com a ajuda do Espírito, carregava aquela experiência consigo o dia inteiro (vv.97,164). De fato, até durante a noite ele tinha comunhão com o Senhor na Palavra (vv.55,62). Muitas vezes o Senhor me despertou durante a noite e me ensinou verdades que nunca vi quando lia a Bíblia em minha mesa. Vale a pena frequentar a "escola noturna" de Deus.

Jesus é o exemplo perfeito do que significa viver pela Palavra de Deus. Quando tinha 12 anos, Ele permaneceu no Templo e discutiu as Escrituras com os mestres judeus (LUCAS 2:41-50). Durante Seu ministério, Ele citou as Escrituras com grande competência para instruir os que o buscavam e para refutar Seus oponentes. O segredo? Jesus ouvia o Pai todos os dias. "O SENHOR Deus me deu língua de eruditos, para que eu saiba dizer boa palavra ao cansado. Ele me desperta todas as manhãs, desperta-me o ouvido para que eu ouça como os eruditos" (ISAÍAS 50:4). Os seus ouvidos despertam as manhãs para ouvir o Senhor falar? Os testemunhos do Senhor estão alegrando seu coração todos os dias? Abra os olhos à Palavra de Deus e ouça o que o Senhor tem a dizer.

"Os teus testemunhos, recebi-os por legado perpétuo,
porque me constituem o prazer do coração"
(SALMO 119:111).

# 82

> Então, disse eu: ah! SENHOR Deus! Eis que **a minha alma não foi contaminada**, pois, desde a minha mocidade até agora, nunca comi animal morto de si mesmo nem dilacerado por feras, nem carne abominável entrou na minha boca (EZEQUIEL 4:14).

**D**eus prepara Seus servos. Quando faço uma retrospectiva de mais de seis décadas de ministério, consigo ver com mais clareza como o Senhor me preparou para meu trabalho e preparou meu trabalho para mim. A preparação de Ezequiel está registrada nos três primeiros capítulos de seu livro. Primeiro, Deus revelou Seu trono de glória e algumas das obras complexas de Sua providência. A razão de nosso ministério é glorificar ao Senhor, e o método de ministério é nos submetermos à Sua vontade. Ele sabe o que está fazendo. Reinamos em vida somente quando Cristo reina em nossa vida (ROMANOS 5:17). Mas Deus também revelou a tempestade iminente que anunciou o julgamento de Jerusalém. Ordenou a Ezequiel que fosse um atalaia fiel e avisasse o povo sobre a ira que viria (EZEQUIEL 3:16-21). Então, o Espírito de Deus assumiu o controle do profeta (2:1,2) e ele recebeu a ordem de comer a Palavra de Deus e permitir que ela fizesse parte de seu ser. O profeta deveria proclamar a Palavra de Deus no poder do Espírito (3:4-15) e o Senhor faria o restante. As Escrituras e o Espírito precisam sempre trabalhar juntos, e o servo precisa sempre submeter-se ao Salvador.

*Deus instrui Seus servos.* Quando seu ministério começou no capítulo 4, Ezequiel foi informado exatamente sobre o que fazer: deveria "brincar de guerra" diante do povo! Que pedido infantil foi aquele feito a um profeta ilustre! Há vários desses eventos inusitados de ministério no livro; dou a eles o nome de "sermões de ação". Os exilados na Babilônia eram tão cegos a Deus e Seus caminhos que o profeta teve de tratá-los como crianças e demonstrar a verdade, bem como declará-la. Ele "brincou" de guerra e "brincou" também de barbeiro (CAP.5). Seu "sermão de ação" que mais lhe custou foi quando sua mulher morreu e ele não teve permissão para chorar a morte dela (24:15-27). Esses "sermões de ação" lembram-nos de que a vida de uma testemunha é uma parte importante da mensagem da testemunha. Por mais estranhas que as instruções de Deus possam parecer, precisamos aceitar e obedecê-las, porque "a loucura de Deus é mais sábia do que os homens" (1 CORÍNTIOS 1:25). *Deus prova Seus servos.* Quando ordenou a Ezequiel que cozinhasse as "rações de seu soldado" sobre esterco de homem, Deus o estava pondo à prova. Lembre-se de que Ezequiel era sacerdote, e os sacerdotes tinham de permanecer cerimonialmente limpos, caso contrário não poderiam servir. Tinham de saber a diferença entre o "santo" e o "profano" e ensinar a diferença ao povo (EZEQUIEL 44:23; LEVÍTICO 10:10). Se os israelitas não cumprissem essas exigências, seriam expulsos de sua terra (LEVÍTICO 18:24-30). Na verdade, já haviam sido expulsos por terem rejeitado as coisas santas e escolhido as profanas. Pelo fato de ser sacerdote, Ezequiel tinha de obedecer às leis de Deus contra a contaminação do ritual, chegando ao ponto de usar apenas esterco de vaca como combustível quando cozinhava suas refeições. "Quem é fiel no pouco também é fiel no muito..." (LUCAS 16:10). Os cristãos de hoje não precisam se preocupar com os alimentos porque "...nenhuma coisa é de si mesmo impura" (ROMANOS 14:14) e não somos contaminados pelo que entra em nossa boca, mas pelo que sai dela (MATEUS 15:11; MARCOS 7:18-23). O abuso dessa liberdade talvez não nos prejudique, mas pode ser pedra de tropeço para um irmão ou irmã mais fraco (ROMANOS 14). Se Ezequiel tivesse usado esterco humano como combustível, o povo teria tomado conhecimento, e o profeta teria prejudicado sua reputação e sua oportunidade de ministrar ao povo. Seus "sermões de ação" não teriam significado algum. A lei do amor exige que pensemos nos outros, não apenas em nós.

"Assim, pois, seguimos as coisas da paz e também as da edificação de uns para com os outros. Não destruas a obra de Deus por causa da comida..." (ROMANOS 14:19,20).

# 83

> *Matai velhos, mancebos e virgens, [...] até exterminá-los; mas a todo o homem que tiver o sinal não vos chegueis;* **e começai pelo meu santuário.** *E começaram pelos homens mais velhos...* (EZEQUIEL 9:6 ARC).

O Senhor deu ordens a seis homens (anjos?) designados para matar o povo de Jerusalém que estava adorando ídolos. Um sétimo homem deveria ir adiante deles e colocar uma marca na testa dos remanescentes piedosos que seriam poupados, mas o resto seria morto. Se estivéssemos lá, como o Senhor nos teria classificado?

*Somos líderes desobedientes que levam os outros ao mau caminho?* O rei Manassés tinha introduzido a idolatria no Templo, e o Senhor anunciou que o julgamento cairia sobre Jerusalém, se o povo não se arrependesse e não voltasse para Ele (2 REIS 21). Desde os tempos que viveram no Egito, os israelitas tinham uma fraqueza por adorar ídolos. Ezequiel 8 registra a impiedade dos sacerdotes e do povo que adoravam o sol, répteis e animais abomináveis. O rei, os príncipes e os falsos profetas apoiavam essa nova religião que insultava o Deus de Abraão, de Isaque e de Jacó. Precisamos conduzir o povo de Deus a adorar a Deus de acordo com Sua Palavra e a serem capacitados pelo Espírito Santo.

*Somos seguidores fracos que acompanham a multidão?* "Não seguirás a multidão para fazeres mal...", Moisés advertiu o povo no Sinai (ÊXODO 23:2). Ele deveria ver a "cultura das multidões" nos dias de hoje! Enquanto Moisés se encontrava no monte com o Senhor, seu irmão Arão estava seguindo a multidão e fabricando um deus para o povo adorar na ausência de Moisés (CAP.32). Quando Moisés o repreendeu, Arão culpou o povo. Em Cades-Barneia, o portão de entrada de Canaã, o povo recusou-se a acreditar em Deus e a dar ouvidos a Calebe e a Josué e, por esse pecado, a nação peregrinou pelo deserto durante 38 anos, e a geração antiga morreu. O rei Saul não temia ao Senhor e preferiu ouvir a voz do povo (1 SAMUEL 15:24). Ele estava mais preocupado em ser benquisto pelo povo do que agradar a Deus. Será que estamos andando no caminho difícil e estreito que conduz à vida ou no caminho largo e apreciado que conduz à morte (MATEUS 7:13,14)? *Estamos com o coração partido, chorando pelas condições da igreja?* O Senhor instruiu o homem com o estojo de escrevente a colocar uma marca na testa de todas as pessoas que estivessem suspirando e gemendo por causa dos pecados cometidos no Templo do Senhor, e elas escapariam do julgamento (EZEQUIEL 9:4,5). É muito fácil ser complacente com as situações ruins, mas se amamos a Cristo verdadeiramente, choramos, oramos e clamamos a Deus para que envie um reavivamento. Ezequiel foi um dos que choraram de pesar (6:11-14), seguindo o exemplo do rei Josias (2 REIS 22:13-20), Esdras (ESDRAS 9), Jeremias (JEREMIAS 13:15-17) e Daniel (DANIEL 9). Jesus chorou por Jerusalém (LUCAS 19:41,42) e Paulo chorou pelos cristãos professos que seguiam os padrões do mundo nas igrejas (FILIPENSES 3:17-19; 2 CORÍNTIOS 12:21). "Torrentes de água nascem dos meus olhos, porque os homens não guardam a tua lei" (SALMO 119:136).

*Estamos em perigo de morte?* O modo como tratamos a Igreja do Deus vivo determina o modo como Ele nos tratará (1 CORÍNTIOS 3:17). O Senhor matou Nadabe e Abiú (LEVÍTICO 10) por terem profanado o tabernáculo, e matou Ananias e Safira por terem mentido ao Senhor (ATOS 5:1-11). O povo estava ficando doente e morrendo na igreja de Corinto por estar abusando da Ceia do Senhor (1 CORÍNTIOS 11:27-34). É importante pensar que o julgamento começa na casa de Deus. Nós que recebemos muito, muito nos será exigido (LUCAS 12:48).

"Porque a ocasião de começar o juízo pela casa
de Deus é chegada; ora, se primeiro vem por nós,
qual será o fim daqueles que não obedecem
ao evangelho de Deus?" (1 PEDRO 4:17).

# 84

> *Filho do homem, estes homens levantaram os seus **ídolos dentro do seu coração**, tropeço para a iniquidade que sempre têm eles diante de si; acaso, permitirei que eles me interroguem?* (EZEQUIEL 14:3).

Ezequiel tinha esposa e morava em sua própria casa, portanto obedecia às instruções que Jeremias dera aos exilados na carta que lhes enviou (JEREMIAS 29:5,6). Os anciãos do povo judeu visitaram o profeta em sua casa, demonstrando preocupação exteriormente, mas em seu interior adorando ídolos. Ezequiel era um homem de *coração consagrado*, completamente submisso ao Senhor. À semelhança de Daniel, ele "resolveu [...] firmemente, não contaminar-se..." com o modo de vida dos babilônios (DANIEL 1:8). Deus enviou mensagens ao povo por meio de Ezequiel, mas o povo não estava preparado para ouvir e obedecer. Tinha também ídolos no coração. "A intimidade do SENHOR é para os que o temem, aos quais ele dará a conhecer a sua aliança" (SALMO 25:14). Os servos de Deus sabem o que está acontecendo. Moisés conhecia os caminhos de Deus, mas o povo conhecia apenas os Seus feitos (SALMO 103:7). Os servos nas bodas em Caná sabiam a procedência do vinho (JOÃO 2:9) e os servos do oficial do rei sabiam quando o menino começou a ser curado (4:51,52). Jesus disse: "Já não vos chamo servos [...] porque tudo quanto ouvi de meu Pai vos tenho dado a conhecer" (JOÃO 15:15).

Os anciãos judeus sentados diante de Ezequiel eram homens de *coração dividido*, e o Senhor disse a Seu profeta que não tinha certeza se eles mereciam ouvir qualquer palavra dele (EZEQUIEL 14:3). Aqueles homens fingiam obedecer à lei de Moisés, mas o coração deles pertencia aos ídolos e eles estavam violando os dois primeiros mandamentos (ÊXODO 20:1-6). Foi por causa dessa idolatria que o povo judeu se encontrava no exílio na Babilônia enquanto Jerusalém e o Templo estavam sendo atacados. Alguém disse que "uma mudança nas circunstâncias não supera uma falha de caráter". Deus deportou os judeus para a Babilônia e eles levaram consigo a maldade no coração! Corações divididos são perigosos, porque "...o homem de ânimo dobre [é] inconstante em todos os seus caminhos" (TIAGO 1:8). Li a respeito de um homem que levou um amigo não filiado a nenhuma igreja a uma reunião dos quacres, onde os adoradores permaneciam em silêncio até que o Espírito conduzisse um deles a falar, mas naquele dia ninguém falou. Na saída, o homem desculpou-se com o amigo pelo que parecia ter sido um tempo perdido, mas o homem disse: "Ah, não! Não se desculpe! Enquanto fiquei sentado naquele silêncio, pensei em mais formas de ganhar dinheiro do que penso quando estou em meu escritório!".

*O Senhor sonda nosso coração* e "esquadrinha todos os corações e penetra todos os desígnios do pensamento" (1 CRÔNICAS 28:9). Se o que se passa em nosso coração enquanto estamos sentados na igreja fosse mostrado na tela, sentiríamos vergonha? Quais ídolos estão dentro dele? Heróis esportivos? Celebridades da televisão e cinema? Dinheiro? Carros? Casas? Sucesso nos negócios? Reconhecimento? Prazeres mundanos? Boa aparência? Louvor? Jesus disse: "Buscai, pois, em primeiro lugar, o seu reino e a sua justiça, e todas estas coisas vos serão acrescentadas" (MATEUS 6:33). As supostas coisas boas da vida são apenas "benefícios adicionais" quando colocamos Jesus em primeiro lugar em nossa vida. Só colhemos tragédia quando começamos a adorar e servir "...a criatura em lugar do Criador" (ROMANOS 1:25).

Provérbios diz: "...guarda o teu coração, porque dele procedem as fontes da vida" (4:23). Recebemos um novo coração quando confiamos em Jesus e nos entregamos a Ele (EZEQUIEL 11:19; 18:31; 36:26), portanto por que deveríamos nos contaminar com pecados antigos? Quando Jesus ocupa o trono em nosso coração, aqueles ídolos antigos precisam desaparecer (1 PEDRO 3:15)!

"Dá-me, filho meu, o teu coração,
e os teus olhos se agradem dos meus caminhos"
(PROVÉRBIOS 23:6).

## 85

> **Busquei entre eles um homem** *que tapasse o muro e se colocasse na brecha perante mim, a favor desta terra, para que eu não a destruísse; mas a ninguém achei* (EZEQUIEL 22:30).

Isaías, Jeremias e Ezequiel haviam informado ao reino de Judá que o Senhor estava enviando julgamento por causa da idolatria da nação. Os governantes, os sacerdotes e os falsos profetas seriam declarados culpados por essa desgraça, mas o povo em geral estava feliz por segui-los (EZEQUIEL 22:23-29). Havia um remanescente piedoso e fiel ao Senhor, mas era necessário que alguém se apresentasse para assumir a liderança. Será que a situação de hoje é muito diferente daquela? Aparentemente, não temos um grande número de líderes experientes, homens ou mulheres, que possam fazer diferença em nações, cidades e igrejas, pessoas que possam transformar a letargia em ação e a derrota em vitória. Talvez você seja a pessoa que Deus está procurando! Se for, estas são algumas instruções importantes.

*Vigie e ore*. Ezequiel recebeu a incumbência de ser o atalaia (3:17) e escolher outros homens para vigiar com ele (33:1-11). Cada um de nós precisa vigiar e orar (NEEMIAS 4:9; MARCOS 14:38) e permanecer alerta, não apenas quanto à volta do Senhor, mas também quanto à chegada de Satanás e de seus representantes que "introduzirão, dissimuladamente, heresias destruidoras" que profanam a igreja (2 PEDRO 2:1).

Paulo advertiu aos anciãos de Éfeso que se acautelassem dos lobos vorazes que queriam destruir o rebanho (ATOS 20:28-31), e nós observamos esse aviso hoje. Paulo não sugeriu que as igrejas em Éfeso pendurassem cartazes dizendo: "Todos são bem-vindos", porque os mestres falsos e enganadores não são bem-vindos.

*Assuma uma posição*. A descrição em nosso texto é a de um soldado guardando o muro da cidade sob ataque do inimigo. Ele vê que uma parte da cidade está ruindo e prestes a desabar, portanto coloca-se na brecha *e passa a ser o muro*. Torna-se o "homem da brecha" que impede a entrada do inimigo. Sim, uma pessoa pode fazer diferença. Moisés, Davi e Paulo se colocaram muitas vezes na brecha, da mesma forma que Débora (JUÍZES 4-5), Ana (1 SAMUEL 1-2) e Maria, mãe de Jesus (LUCAS 1:26-56). Em Efésios 6, Paulo descreve a armadura do soldado cristão e também sua postura: devemos *permanecer e resistir* (vv.11,13,14). As "pessoas da brecha" devem ser o muro! *Confie no Senhor.* "...esta é a vitória que vence o mundo: a nossa fé" (1 JOÃO 5:4). Não a fé em nós mesmos, em nosso treinamento, experiência, autoconfiança, mas fé no Senhor e em Suas promessas. "Porque as armas da nossa milícia não são carnais e sim poderosas em Deus, para destruir fortalezas; anulando nós, sofismas e toda altivez que se levante contra o conhecimento de Deus..." (2 CORÍNTIOS 10:4,5). Precisamos fixar nossos olhos da fé em Jesus (HEBREUS 12:1,2). Comparado com Davi, Golias era mais alto, mais forte e mais experiente, e tinha armas mais poderosas, *mas Davi teve fé no Senhor e derrotou o gigante* (1 SAMUEL 17). *Persevere.* "Sede vigilantes, permanecei firmes na fé, portai-vos varonilmente, fortalecei-vos" (1 CORÍNTIOS 16:13). Pode ser que "aquele que luta e foge esteja vivo para lutar outro dia", mas também é verdade que ele nunca será campeão nem afugentará o inimigo. "Combati o bom combate...", Paulo escreveu (2 TIMÓTEO 4:7) e acrescentou a triste notícia de que muitos cristãos haviam desistido e o abandonaram (vv.9-16). É muito importante que terminemos bem e possamos repetir as palavras de Paulo: "...completei a carreira, guardei a fé" (v.7). Jesus Cristo é o Comandante do exército do Senhor (JOSUÉ 5:13-15) e está procurando "pessoas da brecha" para restaurar o muro e derrotar o inimigo.

Quer apresentar-se como voluntário?

"Olhei, e não havia quem me ajudasse,
e admirei-me de não haver quem me sustivesse..."
(ISAÍAS 63:5).

# 86

> Ajuntaram-se [...] e viram que **o fogo não teve poder** algum sobre o corpo destes homens; nem foram chamuscados os cabelos da sua cabeça, nem os seus mantos se mudaram, nem cheiro de fogo passara sobre eles (DANIEL 3:27).

O mundo deseja que nos moldemos a ele. Espiritualmente falando, essa fatia da história antiga descreve um mundo muito parecido com a sociedade contemporânea, um mundo que deseja que os cristãos se moldem a ele. Nós também vivemos em um mundo com líderes poderosos que desejam ser tratados como deuses e que se zangam ao serem contrariados. Esses líderes conhecem o valor das grandes multidões e que a maioria do povo brinca timidamente de "seguir o líder". Essas celebridades também conhecem o poder sedutor da música e do poder controlador do medo que modela a obediência cega das massas. Desde que chegaram à Babilônia, Daniel e seus amigos foram pressionados a se amoldar. Receberam novos nomes, foram apresentados a novos deuses, tiveram de mudar de alimentação e receberam ordens de obedecer a um novo senhor — Nabucodonosor. Se não aceitassem, seriam atirados em uma fornalha de fogo ardente e destruídos. Mas, como cristãos, precisamos obedecer ao que está em Romanos 12:1,2 e não nos conformar com este mundo, mas sermos transformados pela renovação interior que procede do Espírito. "Não ameis o mundo nem as coisas que há no mundo...", ordena o apóstolo João (1 JOÃO 2:15) e Tiago escreveu: "...Aquele, pois, que quiser ser amigo do mundo constitui-se inimigo de Deus" (4:4). Nosso Senhor deixa claro que não somos do mundo (JOÃO 17:14). Conformar-se com o mundo é abandonar a vontade de Deus.

*O diabo deseja que façamos concessões.* Aqueles três homens hebreus não eram cidadãos comuns, mas oficiais do reino (DANIEL 3:12) e Satanás certamente os lembrou disso. Tinham de prestar contas a seu líder para serem bons exemplos. Afinal, eram prisioneiros de guerra e sujeitos a disciplina rígida. Podiam facilmente ceder às ordens e dobrar os joelhos de maneira fingida, e quem saberia a diferença? *Deus saberia!* Talvez pudessem jogar algo no chão e curvar-se para pegá-lo. Ou fingir que estavam doentes e permanecer em casa. *Mas fé é viver sem fingimento!* Por que adotar as táticas do diabo? Se estamos cingidos com o cinto da verdade (EFÉSIOS 6:14), precisamos andar na verdade (3 JOÃO 3,4). Condescendência é uma mentira que demora a ser exposta, mas, depois de exposta, causa um dano incrível e não ajuda a construir nosso caráter nem glorificar a Deus. Condescendência é a espada desonesta do covarde.

*O Senhor deseja que sejamos vencedores.* "...No mundo, passais por aflições; mas tende bom ânimo; eu venci o mundo", disse Jesus (JOÃO 16:33). Ele também derrotou o diabo (COLOSSENSES 1:13). Graças à fé corajosa daqueles homens, seus medos desapareceram e o Senhor esteve com eles na fornalha de fogo ardente! "...Não temas, porque eu te remi; chamei-te pelo teu nome, tu és meu [...] quando passares pelo fogo, não te queimarás, nem a chama arderá em ti" (ISAÍAS 43:1,2). O fogo nem sequer deixou cheiro na roupa deles (Deus é bom em lidar com detalhes)! Deus não extinguiu o fogo; deixou-o arder, mas não permitiu que lhes causasse nenhum dano. Os três homens são mencionados em Hebreus 11:32-35 com outros heróis da fé.

Pedro lembra-nos de que o povo de Deus enfrentará "fogo ardente", mas que o Senhor pode nos ver através dele (1 PEDRO 4:12-19). Vamos obedecer à Sua vontade, confiar nele e permitir que o Espírito Santo guie a nossa vida. Tudo isso valerá a pena quando nos encontrarmos com Jesus.

"Em todas essas coisas, porém,
somos mais que vencedores, por meio daquele
que nos amou" (ROMANOS 8:37).

# 87

> *O meu povo consulta o seu pedaço de madeira, e a sua vara lhe dá resposta; porque um **espírito de prostituição os enganou**, eles, prostituindo-se, abandonaram o seu Deus* (OSEIAS 4:12).

Aos olhos de Deus, a idolatria é o equivalente moral do adultério e da prostituição, assim como a raiva é o equivalente moral do assassinato (MATEUS 5:21-30). Deus nos criou à Sua imagem, para que possamos conhecê-lo, amar e servi-lo e, portanto, nos tornar mais semelhantes a Ele. Porém, desde o início da história humana, os povos começaram a fazer deuses à imagem deles e a adorar ídolos que não podiam ver, que não os ouviam nem os ajudavam. Hoje, um ídolo pode ser um belo carro ou uma casa, um emprego, dinheiro, fama, uma organização à qual pertencemos ou até uma teoria na qual acreditamos. Os ídolos são capazes de nos influenciar muito mais do que as pessoas imaginam, e isso é tão sutil que é muito difícil reconhecer essa influência.

Na época de Oseias, a idolatria proliferava entre o povo judeu. Quando o reino foi dividido durante o reinado de Roboão, o Reino do Sul, ou Judá, ficou com o Templo e os sacerdotes e podia continuar a adorar ao Senhor; mas Jeroboão, rei do Reino do Norte, não quis que seu povo fosse a Judá para adorar, para que não voltasse para casa. Então, ele fez dois bezerros de ouro para que o povo os cultuasse. Pôs um deles em Dã e o outro em Betel, e ordenou ao povo que os adorasse (1 REIS 12:21-33). Isso violou os dois primeiros mandamentos da lei (ÊXODO 20:1-6). Deus tinha feito uma "aliança conjugal" com Israel no Sinai, e a nação havia prometido obediência a Ele (JEREMIAS 2:1-3; OSEIAS 2; ISAÍAS 54:5). Quando o povo foi atrás dos ídolos, cometeu adultério e prostituiu-se.

A Igreja como noiva é uma metáfora conhecida no Novo Testamento. "Maridos, amai vossa mulher, como também Cristo amou a igreja e a si mesmo se entregou por ela" (EFÉSIOS 5:25). Paulo escreveu à igreja em Corinto: "Porque zelo por vós com zelo de Deus; visto que vos tenho preparado para vos apresentar como virgem pura a um só esposo, que é Cristo" (2 CORÍNTIOS 11:2). Quando uma igreja local imita o mundo em sua adoração e ministério buscando agradar ao mundo, em vez de obedecer às Escrituras e buscar agradar a Deus, ela se prostitui e desonra seu relacionamento com Cristo. Esse foi o problema com a igreja em Éfeso: o povo abandonou seu primeiro amor. Se nossa vida girar em torno de números dos quais nos orgulhamos, pregadores ou cantores que elogiamos, eventos religiosos que apreciamos, em lugar de nosso amor por Jesus, estamos adorando ídolos. As multidões podem gostar, mas Jesus ficará do lado de fora da porta tentando entrar (APOCALIPSE 3:20).

Israel era idólatra, e algumas igrejas são idólatras, mas, individualmente, os cristãos também podem ser culpados de adorar substitutos de Deus. Precisamos tomar cuidado para não perder nosso "amor de lua de mel" por nosso Salvador (JEREMIAS 2), o amor que tínhamos logo que começamos a andar com Jesus. Precisamos separar tempo para ler as Escrituras e meditar nelas, orar e adorar ao Senhor. Adorar a Deus em público com Seu povo era empolgante e agradável, mas hoje talvez seja uma rotina que até pode causar tédio. Em algum ponto, começamos a apressar nossos devocionais diários, criticar os cultos de adoração e até procurar desculpas para não participar deles. Os ídolos se alojaram dentro de nós e expulsaram Jesus. A Igreja está "casada com Cristo", embora o casamento público ainda não tenha ocorrido (ROMANOS 7:1-4; APOCALIPSE 19:6-10), mas muito frequentemente essa união é ignorada. "O amor jamais acaba..." (1 CORÍNTIOS 13:8), porém podemos fracassar em nossa maneira de expressá-lo a Jesus.

"Portanto, meus amados, fugi da idolatria"
(1 CORÍNTIOS 10:14).

# 88

*Efraim se mistura com os povos e é* **um pão que não foi virado** (OSEIAS 7:8).

O pão era o alimento básico do antigo povo do Oriente Próximo. Em geral, era preparado sobre uma grelha e em fogo baixo, o que significava que o cozinheiro tinha de estar alerta e virar a massa no momento certo, caso contrário o pão viraria cinza de um lado, com a massa crua do outro. Quando isso acontecia, o pão não podia ser consumido e era jogado fora. O profeta Oseias chamou Efraim (o Reino do Norte) de povo meio cozido, adorando o Senhor sem entusiasmo e com o coração dedicado aos ídolos. Os cristãos de hoje podem cometer o mesmo pecado, errando da mesma forma que o povo de Efraim errou.

O primeiro erro do povo foi *não ser totalmente dedicado ao Senhor*. Um provérbio oriental diz: "Os hipócritas são semelhantes a um pão assado na grelha — possuem dois lados". A massa não pode virar-se sozinha. Precisa ser virada pelo cozinheiro para que o pão possa ser comido. Portanto, a massa tem duas obrigações: 1) "receber o calor" e 2) submeter-se às mãos do cozinheiro. Se resistir ao calor ou recusar-se a ser virada, ela ficará meio cozida e não servirá para nada. Não gostamos das provações da vida, mas necessitamos delas. Gostamos de viver do nosso jeito e evitar "o calor", mas ficamos meio cozidos e nos tornamos inúteis. O Senhor deseja que sejamos pães saborosos e nutritivos, para alimentar as multidões famintas, e isso exige submissão completa ao Senhor.

O segundo erro *foi ser condescendente com o mundo*. Deus ordenou ao povo de Israel que não se misturasse com outras nações e não imitasse seus costumes idólatras. "...Israel [...] é povo que habita só e não será reputado entre as nações" (NÚMEROS 23:9). Quando conquistou a Terra Prometida, o povo foi instruído a destruir todos os ídolos e templos dedicados a deuses e deusas pagãos. As duas primeiras gerações de israelitas foram obedientes, mas a terceira começou a imitar seus vizinhos, adorando ídolos e cometendo os pecados torpes que acompanhavam a adoração, e Deus teve de castigá-la (JUÍZES 1:7-23). "Antes, se mesclaram com as nações e lhes aprenderam as obras; deram culto a seus ídolos, os quais se lhes converteram em laço" (SALMO 106:35,36). "Estrangeiros lhe comem a força, e ele não o sabe..." (OSEIAS 7:9). Satanás é tão sutil que o cristão rebelde quase sempre não sabe o que está acontecendo.

O terceiro erro foi *não estar preparado para servir ao Senhor*. Israel deveria ser uma luz aos gentios e mostrar-lhes o Deus vivo e verdadeiro (ISAÍAS 49:6); no entanto, as trevas dos gentios envolveram os judeus e eles viveram na escuridão. Os sacerdotes, levitas e profetas ensinaram ao povo a diferença entre o puro e o impuro e advertiram que Deus não toleraria a amizade dos israelitas com o mundo. Hoje, Deus dá a mesma advertência a Seu povo (1 JOÃO 2:15-17; 2 CORÍNTIOS 6:14–7:1; TIAGO 4:1-10). Os sacerdotes e os levitas eram dedicados ao Senhor de tal forma que podiam agradar a Deus e servir ao povo. No início, não eram "meio cozidos", mas dedicados e preparados para servir. Porém, com o passar dos anos, alguns se tornaram "meio cozidos" e totalmente despreparados para servir no santuário. Deus não abençoa nem usa servos despreparados e, mesmo assim, hoje há pregadores, professores, cantores, administradores, mães, pais e outros obreiros que não têm capacidade para servir e que, com seu "serviço", estão enfraquecendo a causa de Cristo.

Precisamos "receber o calor" e nos submetermos nas mãos do Salvador para sermos servos voluntários *e* capazes.

"Ora, numa grande casa não há somente utensílios
de ouro e prata; há também de madeira e de barro.
Alguns, para honra; outros, porém, para desonra. Assim,
pois, se alguém a si mesmo se purificar destes erros,
será utensílio para honra, santificado e útil ao seu
possuidor, estando preparado para toda boa obra"
(2 TIMÓTEO 2:20,21).

> *Por isso, povo de Israel, eu os castigarei. E, já que vou castigá-los,* **preparem-se para se encontrar com o seu Deus**... (AMÓS 4:12 NTLH).

Amós abre o livro escrito por ele, pronunciando julgamento sobre as nações gentias devido à maneira como trataram os judeus, e isso deve ter deixado os reinos de Israel e Judá muito felizes. Mas em seguida, o profeta anunciou o castigo que viria sobre Israel e Judá por causa dos pecados que cometeram contra o Senhor. Deus já havia disciplinado Seu povo enviando seca e fome, ferrugem e mofo, doenças e guerras, mas agora viria o julgamento final, a morte. O povo não enfrentaria as "surras" de Deus, mas ficaria frente a frente com o próprio Deus! O exército assírio invadiria o Reino do Norte, Israel, e grande parte do povo morreria. Se você e eu soubéssemos que morreríamos na próxima semana, como reagiríamos? *Se, de repente, tivermos de reorganizar nossa vida e alterá-la drasticamente, é porque deve haver algo errado com ela.* Devemos, portanto, viver para o Senhor e estar preparados para que Ele nos chame a qualquer momento. Israel não estava preparado por vários motivos.

*Eles se esqueceram da aliança com Deus.* Antes de a nova geração de israelitas entrar na Terra Prometida, Moisés relembrou-lhes sobre a aliança com Deus e lhes disse como deveriam viver (DEUTERONÔMIO 27–28). Depois que entraram na terra, Josué relembrou-lhes pela segunda vez (JOSUÉ 8:30-35). Deus lhes disse que os sustentaria e os protegeria, desde que eles fossem obedientes, mas, se desobedecessem e fossem semelhantes a seus vizinhos, seriam castigados. As provações que Deus enviou à terra foram as mesmas que Ele citou na aliança, mas o povo não entendeu a mensagem. Em vez de adorar ao Senhor conforme a ordem recebida, eles começaram a adorar os ídolos mortos das outras nações, e o Senhor não teve alternativa, a não ser castigá-los. "...O Senhor julgará o seu povo" (HEBREUS 10:30). Os cristãos da igreja em

Corinto não celebravam a Ceia do Senhor corretamente, por isso muitos deles ficaram fracos e doentes, e alguns morreram (1 CORÍNTIOS 11:27-32). Deus cumpre o que diz!

*Eles menosprezaram os chamados de Deus.* Os vários julgamentos que o Senhor enviou à Terra foram "chamados de despertamento" que os líderes e o povo menosprezaram. Em Amós 4, Deus lhes disse cinco vezes: "não vos convertestes a mim" (vv.6-11), mas eles não lhe deram ouvidos. Entregaram o coração aos ídolos pagãos e deram as costas ao Senhor. Amós rogou-lhes que buscassem a Deus e vivessem (5:4,6,14), mas eles não tomaram conhecimento e morreram (MOISÉS FEZ A MESMA ADVERTÊNCIA EM DEUTERONÔMIO 30:11-20, E SUPOMOS QUE JOSUÉ A FEZ TAMBÉM). Tenho tido a experiência de que Deus sempre toma uma atitude em relação a mim todas as vezes que lhe desobedeço e não ouço Sua voz. Mas fico satisfeito com isso, porque Sua mão disciplinadora é uma prova de Seu coração amoroso é evidência de que sou realmente filho de Deus (HEBREUS 12:3-11). Deus não disciplina os filhos do vizinho, e é por isso que os pecadores perdidos parecem "ficar impunes".

*Eles não levaram a morte a sério.* A morte é o último julgamento que Deus envia, e ela inclui Seus filhos (1 JOÃO 5:16,17). Para nós, pecar deliberadamente e esperar ficar impune contraria o que as Escrituras ensinam. Deus não tem prazer nem na morte do perverso (EZEQUIEL 18:23,32) nem quando Ele precisa tirar a vida de um de Seus filhos. É triste saber que há cristãos professos que vivem como se Jesus nunca tivesse morrido, que o Espírito nunca tivesse descido do céu e que nunca haverá julgamento; mas Amós clamou: "...preparem-se para se encontrar com o seu Deus..." (4:12 NTLH). O Senhor precisa dizer mais?

"E, assim como aos homens está ordenado
morrerem uma só vez, vindo, depois disto, o juízo"
(HEBREUS 9:27).

# 90

> E **Jonas se levantou para fugir** *de diante da face do* Senhor *para Társis...* (JONAS 1:3 ARC).

D o que trata o livro de Jonas? Não trata do peixe, porque o grande peixe é mencionado apenas quatro vezes. Jonas é citado 18 vezes, mas as palavras "Senhor" e "Deus" são mencionadas 40 vezes! O livro fala de Deus e de como Ele lida com as pessoas que querem seguir os próprios caminhos e, portanto, se recusam a obedecer à Sua vontade. Certamente Jonas sabia que não poderia fugir de Deus. "Para onde me ausentarei do teu Espírito? Para onde fugirei da tua face?" (SALMO 139:7). Se tentarmos nos esconder de Deus, as consequências serão dolorosas.

*A direção da vida será de decadência.* Jonas *desceu* ao porto de Jope, depois *desceu* para entrar no navio (JONAS 1:3), e depois *desceu* ao porão do navio onde dormiu (v.5). É possível pensar que a mistura de uma consciência culpada com a tempestade tivesse mantido Jonas acordado, mas ele dormiu profundamente. Em geral, quando desobedecemos a Deus, passamos por um período de total confiança que nos aquieta com uma falsa paz. Esse é um dos truques de Satanás. Mas aquilo não era o fim. Os marinheiros gentios tentaram salvar a vida de Jonas, mas ele pediu com insistência que o atirassem ao mar. E assim, ele *desceu* ao mar onde um grande peixe o aguardava. O peixe engoliu Jonas, que *desceu* a seu estômago. Desceu, desceu, desceu, desceu! Jonas havia recebido uma mensagem de Deus que salvaria a vida de quase um milhão de pessoas em Nínive, mas, por ser um judeu patriota, Jonas queria que os ninivitas morressem.

*As circunstâncias da vida serão tempestuosas.* Deus chamou o povo judeu para ser bênção ao mundo (GÊNESIS 12:1-3), mas, todas as vezes que desobedeceu a Deus, o povo trouxe problema em vez de bênção. O nome Jonas significa *pomba*, porém Jonas não levou nem um pouco de paz ao navio. Um filho de Deus desobediente à vontade do Pai pode causar mais problema do que um grande grupo de incrédulos. Tão logo Jonas seguiu seu caminho de rebeldia, o Senhor não pôde mais falar com ele, e teve de usar a tempestade para chamar-lhe a atenção. Jonas também perdeu seu poder de oração (JONAS 1:6) e seu testemunho perante os marinheiros gentios (vv.7-9). E, ao querer fugir do Senhor, ele quase perdeu a vida e pôs a tripulação em perigo. Mas assim que Jonas foi lançado ao mar, a tempestade cessou! Tenho visto famílias passando por tempestades e, depois, alcançar uma tranquilidade abençoada assim que o pecado no lar é confessado e perdoado — e o mesmo acontece nas igrejas.

*A esperança da vida será o arrependimento.* Talvez Jonas esperasse uma morte rápida, mas Deus tinha outros planos que o levaram a passar três dias orando e pedindo perdão, mas, assim que ele se arrependeu, Deus o resgatou e o colocou em pé em terra seca. A oração de Jonas é composta de citações do livro dos Salmos, portanto as Escrituras que ele memorizou lhe vieram à mente com facilidade. Quando o grande peixe vomitou Jonas na terra, o povo que presenciou o fato deve ter ficado surpreso e alarmado, e a notícia chegou rapidamente a Nínive. Quando Jonas se apresentou, o povo estava pronto para ouvir, arrependeu-se de seus pecados e foi poupado do julgamento. O Senhor deu mais uma chance a Jonas, da mesma forma que fez com Abraão, Jacó, Moisés, Davi e Pedro.

Somente um Deus tão misericordioso como o Deus que adoramos é capaz de pegar um servo teimoso e desobediente e usá-lo para levar um despertamento espiritual a uma grande cidade. Jesus usou a experiência de Jonas para retratar Sua ressurreição e ressaltar a importância de ouvir a Palavra de Deus e arrepender-se (MATEUS 12:38-41; 16:4). Espero que você não esteja fugindo de Deus. Se estiver, mude de direção e corra *para* Ele, e Ele lhe dará um novo começo.

"Ninivitas se levantarão no juízo com esta geração
e a condenarão; porque se arrependeram com a pregação
de Jonas. E eis aqui está quem é maior do que Jonas"
(MATEUS 12:41).

# 91

> *Ele te declarou, ó homem, o que é bom e que é o que o* Senhor *pede de ti: que pratiques a justiça, e ames a misericórdia, e* **andes humildemente com o teu Deus** (MIQUEIAS 6:8).

A cena é a de um tribunal (MIQUEIAS 6:1-5) e Deus está julgando Seu povo. Ele pede que apresentem uma evidência de que falhou com eles, mas não há nenhuma. Então o povo pergunta o que pode oferecer ao Senhor para receber Seu perdão, mas nenhum sacrifício será suficiente (vv.6,7). Nosso texto revela o que agrada a Deus e o que Ele está buscando em nossa vida.

*Precisamos ser corretos com os outros.* Deus se agrada quando agimos com justiça e amamos com misericórdia. À primeira vista, essas duas coisas parecem óleo e água, incapazes de se misturar, mas, graças à cruz, isso não é verdade. Na cruz, Jesus levou o castigo que, por justiça, merecíamos, e agora Deus pode nos mostrar misericórdia sem violar Sua lei. Cristo morreu por nós e satisfez a justiça exigida pela lei de Deus, e ressurgiu dos mortos para que, por Sua graça, pudesse nos perdoar. Deus é justo e o justificador daqueles que creem em Jesus. Paulo trata dessa verdade em Romanos 3:21-31. Porque o Senhor nos perdoou, podemos perdoar aos outros. Deus, em Sua misericórdia, não nos dá o que merecemos, mas, em Sua graça, dá-nos o que não merecemos; isso abre caminho para perdoarmos aos outros. É impossível ter comunhão verdadeira com o Senhor se não estivermos em comunhão com os outros (MATEUS 5:21-26).

*Precisamos querer progredir espiritualmente.* Andar com o Senhor significa crescer em graça, vencer fraquezas e pecados e depender de Sua cura e de Seu poder. Se não desejarmos realmente pagar o preço do desenvolvimento espiritual, esse texto não nos pode ajudar. Jesus perguntou ao paralítico no tanque Betesda: "Queres ser curado?", mas a resposta dele foi apenas uma justificativa (JOÃO 5:1-7). Apesar disso, Jesus o curou e disse: "Levanta-te, toma o teu leito e anda" (v.8). A nova vida significa nova caminhada, e uma nova caminhada capacita-nos a experimentar novos desafios e crescer no Senhor. Você está pronto para seguir Jesus?

*Precisamos estar de acordo para haver o encontro.* Se você não conhece Jesus pessoalmente como Salvador e Senhor, então o único lugar para encontrá-lo é no Calvário, onde Ele morreu por você. Se conhece Jesus, então o encontrará todos os dias no trono da graça (HEBREUS 4:16). O profeta Amós perguntou: "Andarão dois juntos, se não houver entre eles acordo?" (3:3) ou "Duas pessoas andarão juntas se não estiverem de acordo?" (NVI).

O Pai deseja que tenhamos um encontro diário com Ele quando Ele nos fala por meio das Escrituras e podemos falar com Ele em oração. Que privilégio é estar em comunhão com o Deus do Universo!

*Precisamos andar em humildade.* Se andarmos na rua com um vizinho amigo, ninguém prestará muita atenção em nós. Mas se andarmos com o prefeito ou com o governador, o fato chamará um pouco de atenção. Deus é a pessoa mais importante do Universo e nós andamos com Ele! Deus é invisível, claro, mas as pessoas podem nos ver, e deveriam ser capazes de ver que nosso comportamento é diferente. Mas como podemos andar "humildemente" quando estamos na companhia do Senhor? Vendo a grandeza dele e a nossa pequenez! Por que Deus se digna a andar comigo e me ajudar? Quem sou eu para que Ele queira minha companhia? Seja na fornalha ardente (DANIEL 3:25), seja nas águas profundas (ISAÍAS 43:2) ou no vale escuro (SALMO 23:4), o Senhor anda conosco. Apreciar Sua presença ajuda-nos a ter um coração humilde, e Deus concede graça aos humildes (1 PEDRO 5:5,6).

**"Certamente, ele escarnece dos escarnecedores, mas dá graça aos humildes"** (PROVÉRBIOS 3:34).

# 92

> ...aviva a tua obra, ó SENHOR, no decorrer dos anos, e, no decurso dos anos, faze-a conhecida; na tua ira, lembra-te da misericórdia (HABACUQUE 3:2).

O nome Habacuque significa "lutar" ou "abraçar" e, em seu livro, ele luta e abraça. No primeiro capítulo, ele luta com o Senhor porque não consegue entender por que um Deus Santo permitiria que os babilônios pagãos conquistassem Judá. Deus disse: "...realizo, em vossos dias, obra tal, que vós não crereis, quando vos for contada" (v.5). No capítulo 2, Habacuque entende a visão de Deus sobre a situação, e no capítulo 3, ele "abraça" o Senhor e ora para que Sua obra prossiga! "Prossegue a tua obra" é a oração dele. Por mais que sirvamos ao Senhor, não podemos esquecer, nunca, que a obra é *de Deus*, não nossa. Jesus deixou claro que estava realizando a obra do Pai (JOÃO 4:32-34) e Paulo seguiu Seu exemplo (1 CORÍNTIOS 15:58; 16:10; FILIPENSES 1:6). Quando entendemos que estamos realizando a obra do Senhor e não a nossa, vemos algumas mudanças encorajadoras em nosso ministério.

*Deixamos de questionar a vontade de Deus e passamos a aceitar a vontade de Deus.* No primeiro capítulo, o profeta Habacuque estava andando pela visão, tentando em sua própria força entender o plano de Deus. É claro que o Senhor não permitiria que os babilônios ímpios derrotassem Seu povo escolhido, mas Ele permitiu. E também consentiu que destruíssem Jerusalém e o Templo, lugares onde o Seu povo escolhido estava adorando ídolos. Os babilônios, povo não convertido, adoravam ídolos porque estavam cegos; mas os judeus conheciam o Deus vivo e verdadeiro, portanto sua idolatria era pior. O profeta conhecia os termos da aliança de Deus com o povo, portanto, não deveria ter se surpreendido. Nossa tarefa não é explicar, mas crer e obedecer. Vivemos de promessas, não de explicações.

Paramos de reclamar e começamos a nos alegrar (HABACUQUE 3:17,18). Assim que o profeta se submeteu ao Senhor, sua atitude inteira mudou.

"Porque os meus pensamentos não são os vossos pensamentos, nem os vossos caminhos, os meus caminhos, diz o Senhor" (ISAÍAS 55:8). Agora ele estava orando: "Seja feita a Tua vontade. Prossegue a Tua obra!". No capítulo 3, Habacuque viu o Senhor marchando triunfantemente na história e, a princípio, ele foi tomado pelo medo (v.16). Porém, quando percebeu que Jeová estava trabalhando *por* seu povo e não contra ele, Habacuque começou a adorar e a celebrar. Ele não podia alegrar-se em suas circunstâncias, mas podia alegrar-se no Senhor (v.18).

*Dependemos da força de Deus, não da nossa* (v.19). "...não vos entristeçais, porque a alegria do Senhor é a vossa força" (NEEMIAS 8:10). Estamos realizando a obra de Deus e Ele suprirá todas as nossas necessidades, inclusive a força e a sabedoria exigidas para cada dia. Vivemos e trabalhamos um dia por vez, "e, como os teus dias, durará a tua paz" (DEUTERONÔMIO 33:25). Quantas vezes olhei para a agenda da semana e me perguntei se conseguiria dar conta de tudo — mas, com a ajuda de Deus, consegui! "...A minha graça te basta, porque o poder se aperfeiçoa na fraqueza..." (2 CORÍNTIOS 12:9).

*Deixamos de agradar a nós mesmos e passamos a dar glória a Deus.* Ao olharmos para frente, diremos: "...a terra se encherá do conhecimento da glória do Senhor, como as águas cobrem o mar" (HABACUQUE 2:14). Ao olharmos para trás, diremos: "isto procede do Senhor e é maravilhoso aos nossos olhos" (SALMO 118:23). Quando a obra do Senhor é feita de acordo com a Sua vontade e para a Sua glória, tudo vai bem.

"Porque dele, e por meio dele,
e para ele são todas as coisas. A ele, pois,
a glória eternamente. Amém"
(ROMANOS 11:36).

# 93

> O Senhor, o seu Deus, está em seu meio, poderoso para salvar. Ele se regozijará em você; com o seu amor a renovará, **ele se regozijará em você** com brados de alegria (SOFONIAS 3:17 NVI).

Não precisamos nos angustiar, porque Deus vê o que está por vir. O profeta escreve sobre os "dias" futuros em relação ao povo judeu: um *dia de julgamento* quando as nações atacarão Jerusalém (SOFONIAS 1:1-3:7) e um *dia de alegria* quando o Senhor resgatará o Seu povo (3:8-20). "Não temas", o Senhor lhes diz, porque Ele está com o Seu povo e o libertará (v.16). *Podemos depender do amor de Deus, porque esse amor nunca falhará*. "No amor não existe medo; antes, o perfeito amor lança fora o medo..." (1 JOÃO 4:18). O salmista escreveu: "Deus é o nosso refúgio e fortaleza, socorro bem presente nas tribulações" (SALMO 46:1).

Nosso Deus não apenas salva, mas também canta. Em nosso texto vemos Deus, o Pai, como um pai amoroso, carregando um filho aflito no colo e cantando para ele dormir. Imagine! O Pai carrega-nos carinhosamente e acalma nosso coração conturbado. Em Mateus 26:30, o Deus Filho canta na celebração da Páscoa antes de seguir para o jardim a fim de orar e depois ao Calvário a fim de morrer. Jesus também cantou depois da vitória de Sua ressurreição (SALMO 22:22; HEBREUS 2:12). O Espírito Santo canta na Igreja do Senhor e por meio dela quando nos reunimos para adorar e nos sujeitamos a Ele (EFÉSIOS 5:18-21). Há ocasiões na vida do cristão em que nada parece trazer paz. As circunstâncias são opressoras, as pessoas estão ocupadas demais para ouvir e até nossas orações parecem ineficazes. Esse é o momento de permanecer em silêncio diante do Senhor e permitir que Ele lhe conceda paz com Seu cântico. Não tente explicar isso, porque a paz de Deus "...excede todo o entendimento" (FILIPENSES 4:7); apenas desfrute-a.

Há, no entanto, mais coisas. Além de ver o que está por vir, de nos salvar do julgamento e cantar para nós, o Senhor se alegra conosco.

Podemos alegrar a Deus! Os pais alegram-se com aqueles momentos em que os filhos lhes proporcionam grande alegria ao coração por causa de um ato espontâneo de obediência e amor ou por algo especial que fizeram apenas para agradar-lhes. Não basta simplesmente conhecer a vontade de Deus e cumpri-la; precisamos também agradá-lo. Jonas finalmente chegou a Nínive e transmitiu a mensagem do Senhor, mas sua atitude foi completamente errada. Ele odiava o povo a quem estava pregando, por isso saiu da cidade e ficou amuado, torcendo para que Deus a destruísse (JONAS 4). Jesus disse: "...eu faço sempre o que lhe agrada" (JOÃO 8:29). O pai deseja que vivamos "de modo digno do Senhor, para o seu inteiro agrado" (COLOSSENSES 1:10). Deus disse aos sacerdotes na época de Malaquias: "...Eu não tenho prazer em vós..." (MALAQUIAS 1:10). Nosso modo de viver deveria ser como nossas ofertas, "...não com tristeza ou por necessidade, porque Deus ama a quem dá com alegria" (2 CORÍNTIOS 9:7).

Ele "calar-se-á por seu amor" é a tradução de nosso texto na versão Almeida Revista e Corrigida. As pessoas que dizem o tempo todo que nos amam são tão irritantes quanto aquelas que raramente o dizem, mas quando nosso amor aumenta cada vez mais, *ele é expresso tanto no silêncio quanto na fala.* Quando não está falando a nós nem agindo em nosso favor, o Senhor continua a nos amar; e o "amor silencioso" pode ser apreciado da mesma forma, ou mais, que as palavras verbalizadas. Os bebês que ainda não falam expressam amor aos pais, e os pais podem manifestar e verbalizar seu amor aos filhos, mesmo em silêncio. O povo fica nervoso quando há um pedido de silêncio no culto. Com amigos de longa data, há um silêncio de comunhão que diz mais que palavras, e isso inclui o amor silencioso de Deus por nós.

O Pai está se alegrando com você?

"Agrada-se o SENHOR dos que o temem
e dos que esperam na sua misericórdia"
(SALMO 147:11).

# 94

> O SENHOR será **Rei sobre toda a terra**; *naquele dia, um só será o SENHOR, e um só será o seu nome*
> (ZACARIAS 14:9).

Quando eu era rapaz e frequentava a Escola Dominical, aprendi que Jesus foi um Profeta enquanto esteve aqui na Terra e agora Ele é um Sacerdote no céu, porém, na Sua volta, Ele será o Rei desta Terra. Mas essa afirmação não está totalmente correta, porque Jesus governa como Rei hoje. Ele é um sacerdote segundo a ordem de Melquisedeque, e Melquisedeque foi rei e sacerdote (HEBREUS 6:20-7:3). Hoje, Jesus está sentado no trono no céu à direita do Pai (EFÉSIOS 1:20; HEBREUS 1:3; 8:1), e Ele é Rei.

*O Rei nos criou.* Quando o Senhor criou Adão e Eva, criou a realeza, porque nossos primeiros pais receberam a ordem de dominar a criação (GÊNESIS 1:26,28; SALMO 8:6-8). A tragédia foi que eles perderam esse domínio quando desobedeceram ao Senhor, comeram o fruto da árvore da vida e foram expulsos do jardim (GÊNESIS 3). Em Romanos 5:12-21, Paulo explica que as consequências daquele pecado recaíram sobre todo ser humano que nasceu e nasce na Terra. Por causa da desobediência de Adão o pecado reina neste mundo (v.21) e, se o pecado está reinando, a morte está reinando (vv.14,17); porque "...o salário do pecado é a morte..." (6:23). A criação realizada pelo Rei foi desfigurada pelo pecado e a morte.

*O Rei veio até nós.* Em razão de Seu amor e graça, o Senhor estabeleceu um plano de salvação que nos resgataria do pecado e da morte. O Filho de Deus nasceu em Belém, enviado pelo Pai para ser o Salvador do mundo (1 JOÃO 4:14). Ele nasceu "Rei dos judeus" (MATEUS 2:1,2) e, durante Seu ministério na Terra, exerceu o domínio que Adão tinha perdido. Ele comandou os peixes (MATEUS 17:24-27; LUCAS 5:1-11; JOÃO 21:1-14), as aves (MATEUS 26:31-34,74,75) e os animais (MARCOS 1:12,13; LUCAS 19:30). Ele teve domínio! Mas foi rejeitado por Seu povo. Pilatos, o governador romano, perguntou-lhe: "És tu o rei dos judeus?", e Jesus respondeu: "O meu reino não é deste mundo" (JOÃO 18:33,36). Em outras palavras, Seu reino não é uma entidade política, mas uma comunidade de adoração e serviço. Um dia, Jesus reinará como "Rei de toda a terra", mas hoje Seu governo está em ação onde Seu povo lhe obedece e ora: "...venha o teu reino, faça-se a tua vontade, assim na terra como no céu" (MATEUS 6:10). A multidão gritou a Pilatos: "Crucifica-o!" e os sacerdotes disseram: "Não temos rei, senão César!" (JOÃO 19:15). Jesus usou uma coroa de espinhos e foi crucificado por nós com este título acima de Sua cabeça: "Jesus Nazareno, o Rei dos Judeus". Mas em Sua morte e ressurreição, Jesus destruiu o poder do pecado e da morte; agora a graça reina, e aqueles que confiam em Jesus podem reinar em vida (ROMANOS 5:17,21). Ele "...nos constituiu reino [e] sacerdotes" (APOCALIPSE 1:5,6) e estamos sentados com Ele no trono (EFÉSIOS 2:1-7). Podemos andar em vitória e bênçãos porque reinamos em vida por Seu intermédio (ROMANOS 5:17).

*O Rei está voltando!* Jesus prometeu voltar e levar aqueles que confiam nele para seus lares no céu a fim de reinar com Ele para sempre (JOÃO 14:1-6; APOCALIPSE 22:5). Haverá um novo céu e uma nova Terra. Nesse meio tempo, nosso privilégio e também responsabilidade é "adorar o Rei" (ZACARIAS 14:16,17), servindo-o fielmente. Jesus é o Rei dos reis e Senhor dos senhores (APOCALIPSE 17:14; 19:6), Rei do céu e Rei de toda a Terra.

O Pai "...nos libertou do império das trevas e nos transportou para o reino do Filho do seu amor" (COLOSSENSES 1:13). Estamos agora no reino! Adore o Rei!

"E lhes enxugará dos olhos toda lágrima,
e a morte já não existirá, já não haverá luto,
nem pranto, nem dor, porque as primeiras
coisas passaram" (APOCALIPSE 21:4).

# 95

> Mas, desde o nascente do sol até o poente, é grande entre as nações o meu nome; e em todo lugar lhe é queimado incenso e trazidas ofertas puras, porque **o meu nome é grande** entre as nações, diz o SENHOR dos Exércitos (MALAQUIAS 1:11).

"O primeiro passo em declive para qualquer igreja é dado quando ela não aceita a soberania de Deus", escreveu A. W. Tozer em seu excelente livro *The Knowledge of the Holy* (O conhecimento do Deus Santo). A palavra "igreja" pode ser substituída por "cristão", "professor da escola bíblica" ou "missionário". O profeta Malaquias ministrou aos judeus que haviam sido exilados na Babilônia e retornado à sua terra para reconstruir Jerusalém e o Templo. Infelizmente, o nível da vida espiritual daquele povo não era muito alto. Eles poderiam ter glorificado o nome do Senhor diante dos gentios, mas preferiram discutir com Deus. Os cristãos contemporâneos têm três responsabilidades quando se trata dos nomes de Deus.

*Precisamos conhecer o nome de Deus.* Nos tempos bíblicos, os nomes eram indicações de caráter e habilidade, e os nomes de Deus nos dizem quem Ele é e o que Ele pode fazer. *Jeová* significa "EU SOU O QUE SOU" (ÊXODO 3:13,14). Ele é o Deus autoexistente e eterno que sempre foi, sempre é, e sempre será. *Jeová Sabaô* é "O SENHOR dos exércitos, o SENHOR dos exércitos do céu" (1 SAMUEL 1:3,11), ao passo que *Jeová Rafá* é "o Senhor que cura" (ÊXODO 15:22-27). Para as batalhas da vida, precisamos conhecer *Jeová Nissi*, "o Senhor é a nossa bandeira" (ÊXODO 17:8-15), que pode nos dar a vitória. *Jeová Shalom* é "o SENHOR é nossa paz" (JUÍZES 6:24) e *Jeová Raá* é "o SENHOR é o nosso pastor" (SALMO 23:1). Eu poderia prosseguir, mas sugiro que você estude por conta própria com a ajuda de uma boa Bíblia de estudo. Conhecer os nomes de Deus é conhecê-lo melhor e ser capaz de invocá-lo para nos ajudar. "Em ti, pois, confiam os que conhecem o teu nome, porque tu, SENHOR, não desamparas os que te buscam" (SALMO 9:10).

*Precisamos honrar o nome de Deus.* Os sacerdotes no Templo não estavam honrando o nome de Deus; estavam desprezando-o ao realizar seus ministérios descuidadamente e oferecendo ao Senhor sacrifícios que Ele não aceitava (MALAQUIAS 1:6-10). Malaquias usou a palavra "desprezível" para descrever o trabalho deles (1:7,12; 2:9). Deus exige que lhe ofereçamos nosso melhor e o sirvamos de tal forma que honre Seu nome (1 CRÔNICAS 21:24). O Senhor preferiu que alguém fechasse as portas do Templo a permitir que aqueles sacrifícios baratos fossem oferecidos em Seu altar (MALAQUIAS 1:10; LEVÍTICO 22:20). Em vez de alegrar-se em seu ministério, os sacerdotes estavam cansados de tudo aquilo (MALAQUIAS 1:13). "Servi ao SENHOR com alegria, apresentai-vos diante dele com cântico" (SALMO 100:2). Precisamos dar honra ao nome de Deus (MALAQUIAS 2:2) e temer Seu nome (1:14; 4:2). Havia um remanescente piedoso que temia o Senhor e honrava Seu nome (3:16-19), e eles eram a esperança da nação.

*Precisamos proclamar o nome de Deus a outras nações.* O Senhor queria que Seu nome fosse honrado "fora dos limites de Israel" (1:5). O profeta viu o dia em que os judeus e os gentios seriam um só povo de Deus por meio da fé em Jesus Cristo (EFÉSIOS 2:11-22). Quando morreu na cruz, Jesus rasgou o véu do Templo, abriu o caminho de acesso a Deus para todos os povos e derrubou a parede de separação entre os judeus e os gentios (EFÉSIOS 2:14), para que todos fôssemos "um em Cristo Jesus" (GÁLATAS 3:28). O nome de Jesus Cristo e Seu evangelho precisam ser compartilhados com o mundo, porque não há fronteiras que possam nos confinar. "Entrementes, os que foram dispersos iam por toda parte pregando a palavra" (ATOS 8:4). Estamos fazendo nossa parte?

"Mas [...] é grande entre as nações o meu nome [...], diz o SENHOR dos Exércitos" (MALAQUIAS 1:11).

# 96

**Vocês têm cansado o Senhor
com as suas palavras...** (MALAQUIAS 2:17 NVI).

Você conheceu pessoas que falavam tanto a ponto de deixá-lo cansado de ouvir? Talvez teve um filho ou irmão que fazia perguntas desde o amanhecer até a hora de dormir, ou um aluno que nunca parava de falar ou ainda um colega de trabalho que se sentia motivado a contar-lhe todas as informações confidenciais da empresa? Quando exercia o pastorado, era comum eu ter de aguentar os telefonemas frequentes dos congregados que imaginavam ter problemas e queriam que eu soubesse todos os detalhes. Entendo que ouvir é um ministério importante e que as pessoas podem expor seus problemas, mas o tempo é muito precioso e a conversa é às vezes insignificante.

Mas por que cansar *Deus* com nossas palavras se Ele já sabe o que se passa em nossa mente e coração? Ele vê o fim desde o começo e não se impressiona com nossos longos discursos. Jesus disse que somente os pagãos "...pensam que por muito falarem serão ouvidos", e advertiu que não devemos ser iguais a eles (MATEUS 6:7,8 NVI). Deus, o Pai, estava cansado da adoração rotineira de Israel, das ofertas e orações que não partiam do coração de Seu povo (ISAÍAS 29:13). Na época de Malaquias, depois que os judeus saíram da Babilônia, voltaram para sua terra e reconstruíram o Templo, o povo tinha certeza de que Deus realizaria grandes milagres para impressionar os gentios, mas não houve nenhum milagre. O povo questionou o Senhor e, pior ainda, os sacerdotes estavam cansados de seu ministério no novo Templo (MALAQUIAS 1:12,13). A essência toda da vida religiosa deles era fraca e eles necessitavam desesperadamente de um reavivamento. Deus estava cansado de ouvir suas orações e hinos cheios de falsidade. Temos o mesmo problema hoje?

Nosso Senhor Jesus Cristo teve o mesmo problema com o povo de Sua época *e com Seus discípulos*. Um pai aflito levou o filho endemoninhado aos nove discípulos que não tinham subido ao monte da Transfiguração com Jesus, e eles não conseguiram expulsar os demônios (MATEUS 17:14-21).

Quando Jesus desceu do monte e viu a cena constrangedora, disse: "Ó geração incrédula e perversa! Até quando estarei convosco? Até quando vos sofrerei?..." (v.17). Jesus libertou o menino e o entregou ao pai. Por que os nove discípulos não conseguiram? "Por causa da pequenez da vossa fé", Jesus lhes disse (v.20). Eles eram uma "geração incrédula e perversa" e aparentemente não tinham orado e jejuado (v.21). Jesus já lhes havia concedido poder para expulsar demônios (10:1), mas, em Sua ausência, os nove discípulos haviam afrouxado sua disciplina espiritual. Essa é uma das consequências trágicas de uma vida espiritual fraca: não podemos ajudar os outros e não podemos glorificar a Jesus.

Israel entristeceu a Deus, o Pai, os nove discípulos incapazes entristeceram a Deus, o Filho, e a Igreja da contemporaneidade está entristecendo a Deus, o Espírito Santo. "E não entristeçais o Espírito de Deus, no qual fostes selados para o dia da redenção" (EFÉSIOS 4:30). O Espírito Santo habita em cada cristão sincero e é uma pessoa que se agrada com nossa obediência e se entristece com nossa desobediência. Em suas cartas aos Efésios e Colossenses, Paulo relaciona alguns pecados que entristecem o Espírito e o impedem de agir em nós e por nosso intermédio: mentira, ira injustificada, roubo, linguagem torpe, amargura, blasfêmia e malícia. São atitudes interiores que Deus vê em nosso coração e deseja remover antes que venham à tona e causem problema.

Jesus está decepcionado conosco? Estamos cansando-o com nossos erros? Estamos procurando "métodos melhores" quando Deus está procurando homens e mulheres melhores que não o entristeçam? "...eu faço sempre o que lhe agrada", disse Jesus (JOÃO 8:29). Sigamos Seu exemplo!

"Longe de vós, toda amargura, e cólera, e ira, e gritaria, e blasfêmias, e bem assim toda malícia. Antes, sede uns para com os outros benignos, compassivos, perdoando-vos uns aos outros, como também Deus, em Cristo, vos perdoou" (EFÉSIOS 4:31,32).

# 97

> Eis que **eu envio o meu mensageiro**, *que preparará o caminho diante de mim; de repente, virá ao seu templo o Senhor, a quem vós buscais, o Anjo da Aliança, a quem vos desejais; eis que ele vem, diz o* SENHOR *dos Exércitos*
> (MALAQUIAS 3:1).

Três mensageiros diferentes estão envolvidos nessa afirmação. O primeiro mensageiro é *Malaquias*, o profeta, porque o nome Malaquias significa "meu mensageiro". Que privilégio ele teve de ser o mensageiro de Deus, ouvir Sua voz, falar e escrever Suas palavras! A mensagem de Malaquias ao povo não foi fácil de ser transmitida, porque o povo estava cada vez mais descuidado e indiferente quanto à adoração ao Senhor. Para eles, tudo não passava de uma rotina enfadonha, um trabalho a ser feito. Os sacerdotes tinham a responsabilidade de servir como mensageiros de Deus (MALAQUIAS 2:7), mas se cansaram do ministério no Templo e não estavam oferecendo a Deus o melhor que possuíam. Eles não se importavam quando o povo trazia animais cegos, coxos e enfermos para os sacrifícios (1:6-8) em vez de oferecer a Deus animais perfeitos. Algumas pessoas chegavam a trazer animais roubados (v.13). Esqueceram as palavras do rei Davi, que disse que não ofereceria ao Senhor holocaustos que não lhe custassem nada (2 SAMUEL 24:24). Sacrifícios baratos não são sacrifícios de jeito nenhum. Já fomos culpados desse pecado?

O segundo mensageiro é João Batista. "Eis que eu envio o meu mensageiro, que preparará o caminho diante de mim..." (MALAQUIAS 3:1). O profeta Isaías escreveu a respeito de João: "Voz que clama no deserto: Preparai o caminho do SENHOR; endireitai no ermo vereda a nosso Deus" (40:30; VEJA MATEUS 3:3). Nos tempos antigos, sempre que o rei planejava visitar uma cidade, o povo ia adiante para desobstruir os obstáculos da estrada e aplainá-la. João Batista recebeu esse ministério. Ele não exaltou a si mesmo; exaltou a Jesus, pois é isso que todo mensageiro do Senhor deve fazer. "Eis o Cordeiro de Deus, que tira o pecado do mundo!", ele anunciou (JOÃO 1:29). "Convém que ele cresça e que eu diminua" (3:30). Como mensageiros do Rei, precisamos ser fiéis para honrar o Rei, e não a nós, e transmitir a mensagem que Ele ordenou.

Jesus disse: "E eu vos digo: entre os nascidos de mulher, ninguém é maior do que João..." (LUCAS 7:28). Os judeus responderam à mensagem de João no início de seu ministério, mas quando ele foi preso, não fizeram nada para resgatá-lo; João entregou a vida em favor de seu Senhor.

O terceiro mensageiro é o próprio Senhor Jesus Cristo. "...virá ao seu templo o Senhor, a quem vós buscais, o Anjo da Aliança..." (MALAQUIAS 3:1). Malaquias era um profeta oficial e João Batista era filho de um sacerdote e foi chamado para ser profeta, mas Jesus é o Profeta, Sacerdote e Rei! "O SENHOR será Rei sobre toda a terra..." (ZACARIAS 14:9). Jesus veio à Terra pela primeira vez para proclamar a Palavra de Deus e cumprir a Sua vontade — morrer na cruz pelos pecados do mundo. Ele voltará pela segunda vez para julgar o mundo com fogo, para purificar Seu povo Israel e para estabelecer Seu reino. Leia Zacarias 12–14 e observe a repetição das palavras "naquele dia".

O Senhor quer que Seu povo seja composto de mensageiros fiéis para proclamar as boas-novas da salvação aos outros.

"Que formosos são sobre os montes os pés do que anuncia as boas-novas, que faz ouvir a paz, que anuncia coisas boas, que faz ouvir a salvação..." (ISAÍAS 52:7).

# 98

> *Pode um homem roubar de Deus?* **Contudo vocês estão me roubando.** *E ainda perguntam: "Como é que te roubamos?". Nos dízimos e nas ofertas* (MALAQUIAS 3:8 NVI).

Os cristãos são *perdoados*, porque confiaram em Jesus Cristo e Ele lhes perdoou todos os pecados (COLOSSENSES 2:13). E, por terem sido perdoados, os cristãos também devem ser pessoas perdoadoras (EFÉSIOS 4:30-32). E as pessoas que são perdoadas e perdoam devem também ser *generosas*! Consequentemente, a graça de Deus que agiu no coração delas deve respingar nos outros.

Deus é um doador generoso; jamais devemos nos esquecer desse fato. "Toda boa dádiva e todo dom perfeito são lá do alto, descendo do Pai das luzes, em quem não pode existir variação ou sombra de mudança" (TIAGO 1:17). "...E que tens tu que não tenhas recebido?..." (1 CORÍNTIOS 4:7). Deus "...é quem a todos dá vida, respiração e tudo mais" (ATOS 17:25; VEJA 14:17). Deus fez uma aliança com sua criação dizendo que "não deixará de haver sementeira e ceifa, frio e calor, verão e inverno, dia e noite" (GÊNESIS 8:22). Se isso não fosse verdade, a vida no mundo seria um caos, no entanto, não damos o devido valor a essa aliança. "Se eu tivesse fome, não to diria, pois o mundo é meu e quanto nele se contém", diz Deus no Salmo 50:12. Antes de criar o primeiro homem e a primeira mulher, Deus preparou um lar suntuoso e belo para eles, no qual tudo era muito bom (GÊNESIS 1:31). "...ele faz nascer o seu sol sobre maus e bons e vir chuvas sobre justos e injustos" (MATEUS 5:45). Ao longo dos séculos, a família humana tem feito um enorme estrago no lar que Deus nos deu, e devemos nos arrepender disso. Se parássemos para pensar em tudo o que o Pai nos tem dado, seríamos mais generosos com os outros.

Deus é o doador generoso, mas o homem costuma ser um ladrão egoísta. As pessoas gostam das dádivas que recebem de Deus, e até as desperdiçam e se esquecem de ser generosas com os outros ou com o Senhor. Roubar a Deus é o primeiro pecado humano registrado na Escritura, quando nossos primeiros pais pegaram o fruto da árvore do Senhor e o comeram (GÊNESIS 3); e continuamos a roubar a Deus até hoje. O povo de Israel era especialmente culpado desse pecado. Na lei de Moisés, o Senhor ordenou ao povo que levasse dízimos e ofertas a Ele, prometendo que o abençoaria se fizesse isso. "Honra ao SENHOR com os teus bens e com as primícias de toda a tua renda; e se encherão fartamente os teus celeiros e transbordarão de vinho os teus lagares" (PROVÉRBIOS 3:9,10). Na época de Malaquias, os judeus roubaram a Deus não lhe oferecendo nada, não lhe oferecendo o melhor que possuíam e ofertando com espírito rancoroso. Deus vê esses mesmos pecados em Seu povo hoje. Quando roubamos a Deus, nós roubamos os outros *e* roubamos a nós mesmos! Deus quer nos abençoar, mas nossa desobediência egoísta o entristece e o impede de derramar bênçãos sobre nós (MALAQUIAS 3:10). Existe cura para o coração egoísta? Sim! A graça de Deus. "Pois conheceis a graça de nosso Senhor Jesus Cristo, que, sendo rico, se fez pobre por amor de vós, para que, pela sua pobreza, vos tornásseis ricos" (2 CORÍNTIOS 8:9). Se estamos realmente experimentando as riquezas da graça de Deus, devemos também querer que os outros as experimentem e, com certeza experimentarão, se compartilharmos com eles tudo o que Deus nos tem concedido. Quando somos generosos com Deus e com os outros, deixamos de ser reservatórios e nos tornamos canais de bênção. "Deus pode fazer-vos abundar em toda graça, a fim de que, tendo sempre, em tudo, ampla suficiência, superabundeis em toda boa obra" (2 CORÍNTIOS 9:8).

Que excelente acordo! Toda graça, abundante, em tudo, ampla suficiência, superabundância — em toda boa obra! Não podemos oferecer menos ao Senhor!

"...é mister [...] recordar as palavras
do próprio Senhor Jesus: Mais bem-aventurado
é dar que receber" (ATOS 20:35).

> *Então aqueles que temem ao Senhor falam cada um com o seu companheiro;* **e o Senhor atenta e ouve**; *e há um memorial escrito diante dele, para que os que temem ao Senhor, e para os que se lembram do seu nome*
> (MALAQUIAS 3:16 ARC).

O povo judeu sentia-se feliz por estar longe da Babilônia e de volta à sua terra, mas a vida ali não era fácil. O Senhor não podia abençoá-los como queria porque eles não estavam lhe obedecendo, portanto Ele designou o profeta Malaquias para repreendê-los por causa de seus pecados — pelo menos 36 desses pecados estão mencionados no livro — e pedir que voltassem a ter uma devoção sincera ao Senhor. O profeta repreendeu principalmente os sacerdotes por sua atitude descuidada no altar. Hoje, é importante ver o Senhor lidando com Seu povo, porque nossas igrejas precisam ouvir e prestar atenção às palavras de Malaquias.

*Deus tem consideração por Seu povo.* Apesar da indiferença geral da nação judaica, havia um pequeno grupo de pessoas que colocavam o Senhor em primeiro lugar e lhe obedeciam. Temiam ao Senhor (esse fato é mencionado duas vezes) e reuniam-se com frequência para encorajar uns aos outros e meditar no nome do Senhor. "Torre forte é o nome do Senhor, à qual o justo se acolhe e está seguro" (PROVÉRBIOS 18:10). Por mais corrupto que o povo de Deus tivesse se tornado, havia sempre um remanescente fiel que honrava ao Senhor, e Deus usou esse remanescente para realizar Sua vontade.

*Deus não se impressiona com números.* Ele reduziu o exército de Gideão de 32 mil homens para 300 e derrotou os midianitas (JUÍZES 7). Apenas com a ajuda de seu escudeiro, Jônatas venceu uma guarnição de filisteus, "porque para o Senhor nenhum impedimento há de livrar com muitos ou com poucos" (1 SAMUEL 14:6). Em nosso mundo controlado por estatísticas, esquecemo-nos de Zacarias 4:10: "Porque, quem despreza o dia das coisas pequenas?...". Eu sempre lembrava a meus alunos de ministério que não há igrejas "pequenas" nem "grandes" pregadores, apenas um Deus grande e poderoso.

Deus lembra-se do que Seu povo pensa, diz e faz e registra tudo. Jesus é Emanuel, "Deus conosco" (MATEUS 1:23) e prometeu estar entre nós todas as vezes que nos reunirmos em Seu nome (18:20). A metáfora de Deus fazendo anotações em um livro é usada com frequência na Escritura. Davi escreveu: "Contaste os meus passos, quando sofri perseguições; recolheste as minhas lágrimas no teu odre; não estão elas inscritas no teu livro?" (SALMO 56:8). Deus observa onde as pessoas nascem (87:6) e mantém um registro dos nomes daqueles que nasceram de novo (FILIPENSES 4:3; LUCAS 10:20; APOCALIPSE 21:27). Seja onde for que o povo de Deus se reúna em nome de Cristo — em uma residência, em um simples salão ou em uma catedral enorme —, precisamos lembrar que o Senhor está ali conosco e "...não há criatura que não seja manifesta na sua presença; pelo contrário, todas as coisas estão descobertas e patentes aos olhos daquele a quem temos de prestar contas" (HEBREUS 4:13). No trono de julgamento de Cristo, nossas obras serão consideradas e seremos recompensados de acordo com elas (ROMANOS 14:10-12). É muito importante temer ao Senhor enquanto o adoramos, ouvir a leitura e a exposição das Escrituras e estar em comunhão com os irmãos.

*Deus recompensa os fiéis.* "Eles serão para mim particular tesouro [...] diz o SENHOR dos Exércitos..." (MALAQUIAS 3:17). A palavra *tesouro* poderia ser traduzida por "joia preciosa". O povo de Israel era joia preciosa do Senhor, embora nem sempre fosse agradecido ou agisse de acordo (ÊXODO 19:5; DEUTERONÔMIO 7:6; 14:2). A Igreja é também uma joia preciosa do Senhor, comprada com o sangue precioso de Jesus Cristo (1 PEDRO 1:19). Talvez façamos parte de uma minoria, mas somos valiosos a nosso Pai celestial. Ele nos ama, nos vê, nos ouve, olha dentro de nosso coração e um dia nos recompensará com a glória de Seu Filho. É muito encorajador saber que Ele está observando e ouvindo, e que Ele conhece o nosso coração.

"...o Senhor [...] trará à plena luz as coisas ocultas das trevas, mas também manifestará os desígnios dos corações; e, então, cada um receberá o seu louvor da parte de Deus" (1 CORÍNTIOS 4:5).

# 100

> *Pois **eis que vem o dia** e arde como fornalha; todos os soberbos [...] serão como o restolho; o dia que vem os abrasará [...]. Mas para vós outros que temeis o meu nome nascerá o sol da justiça, trazendo salvação nas suas asas...* (MALAQUIAS 4:1,2).

Que dia está vindo? O Dia do Senhor, o dia em que Ele julgará os habitantes da Terra. A expressão "naquele dia" é mencionada 17 vezes em Zacarias 12–14, à medida que o profeta descreve o que acontecerá quando "não haverá demora" (APOCALIPSE 10:6). Observe os contrastes no texto.

*Os perversos incrédulos e os justos tementes a Deus.* Na linguagem do Novo Testamento são "os perdidos" e "os salvos", aqueles que rejeitaram a Cristo e aqueles que o aceitaram. Jesus deixa claro que há somente dois "caminhos" na vida: o caminho estreito da fé em Cristo e o largo, o caminho conhecido do mundo que rejeita a Cristo (MATEUS 7:13,14). "Pois o SENHOR conhece o caminho dos justos, mas o caminho dos ímpios perecerá" (SALMO 1:6). Quem são os justos? Todos aqueles que se arrependeram de seus pecados e confiaram somente em Cristo para serem salvos. Quem são os ímpios? Todos aqueles que jamais confiaram em Cristo e confiaram em suas boas obras e atividades religiosas para salvá-los. Não nos tornamos filhos de Deus por causa de boas obras, mas porque confiamos na obra consumada de Jesus na cruz. "Mas Deus prova o seu próprio amor para conosco pelo fato de ter Cristo morrido por nós, sendo nós ainda pecadores" (ROMANOS 5:8).

*O forno que queima e o sol que cura* (MALAQUIAS 4:2). Jesus disse: "...Eu sou a luz do mundo; quem me segue não andará em trevas; pelo contrário, terá a luz da vida" (JOÃO 8:12). Durante aqueles dias terríveis de tribulação, o Senhor derramará Sua ira sobre um mundo pecaminoso, e isso incluirá o calor intenso do sol. "...os homens se queimaram com o intenso calor, e blasfemaram o nome de Deus, que tem autoridade sobre estes flagelos, e nem se arrependeram para lhe darem glória" (APOCALIPSE 16:9). O sol é uma descrição de Jesus Cristo

(ISAÍAS 9:1,2; MATEUS 4:16). Ele cura Seu povo, mas julga os que o rejeitam. "Tu os tornarás como em fornalha ardente, quando te manifestares; o SENHOR, na sua indignação, os consumirá..." (SALMO 21:9). Deus não é apenas amor; é também luz (1 JOÃO 1:5; 4:8); Ele ama o pecador, mas julga os pecados. Se confiarmos em Jesus, em Seu amor santo, Ele nos perdoará e nos curará de nossos pecados. Jesus é "o sol nascente nas alturas" que nos visitou e morreu por nós na cruz (LUCAS 1:78). O que lhe está reservado: queimadura ou cura?

O restolho queimado e o bezerro saltitante (MALAQUIAS 4:1,2). O profeta descreve o incrédulo como restolho ou refugo que é queimado e esmagado, ao passo que o cristão é como um bezerro radiante que é solto do curral e salta alegremente pelo campo, pisando no restolho! Hoje, os pecadores incrédulos pensam que são vencedores e que os cristãos são tolos, mas vem o dia em que os "grandes" serão queimados como restolho e os humildes herdarão a Terra. Os bezerros são mantidos em currais para engordarem e serem abatidos, mas o povo do Senhor não! O povo do Senhor é livre para saltitar sob "...o sol da justiça, trazendo salvação nas suas asas" (v.2).

Malaquias termina seu livro com uma declaração ameaçadora do Senhor: "para que eu não venha e fira a terra com maldição" (v.6). Os cristãos, porém, não se assustam com essa declaração porque, perto de concluir o Novo Testamento, o Senhor diz: "Nunca mais haverá qualquer maldição..." (APOCALIPSE 22:3).

"Pois eis que vem o dia" e é melhor estarmos preparados.

"O SENHOR será Rei sobre toda a terra; naquele dia, um só será o SENHOR, e um só será o seu nome" (ZACARIAS 14:9).

# Sobre o autor

Warren W. Wiersbe é pastor, professor de estudo bíblico pelo rádio, instrutor de seminário e autor de mais de 150 livros, inclusive a conhecida série "BE" (SER em inglês) de exposições bíblicas. Pastoreou a Igreja Moody em Chicago e trabalhou também no ministério radiofônico com o programa *Back to Bible* (De volta à Bíblia) por dez anos, cinco dos quais como professor de assuntos bíblicos e diretor geral. É conferencistas e suas palestras têm sido levadas a muitos países. Reside com sua esposa, Betty, em Lincoln, Nebraska, onde continua seu ministério como autor.